AI와 글로벌 비즈니스 문화

AI문고

인공지능 시대입니다. 기계가 인간의 인지를 대신하고, 사물이 인간을 통하지 않고 다른 사물과 직접 커뮤니케이션합니다. 이에 따른 인간 삶과 문명 변화를 정확히 이해·예측·대응하는 것은 이 시대 우리 모두의 과제입니다. AI문고는 인공지능 기술과 환경의 여러 주제를 10가지 키워드로 정리합니다. 관련 개념과 이론, 학계와 산업계의 쟁점, 우리 일상의 변화를 다룹니다. 인간과 기술의 현재, 미래를 세심히 분석합니다.

일러두기

- 인명, 작품명, 저서명, 개념어 등은 한글과 함께 괄호 안에 해당 국가의 원어를 병기했습니다.
- 외래어 표기는 현행 어문규정의 외래어표기법을 따랐습니다.

처음이세요?

전문가세요?

AI와 글로벌 비즈니스 문화

황충연

대한민국, 서울, 커뮤니케이션북스, 2025

AI와 글로벌 비즈니스 문화

지은이 황충연
펴낸이 박영률

초판 1쇄 펴낸날 2025년 6월 5일

커뮤니케이션북스(주)
출판 등록 2007년 8월 17일 제313-2007-000166호
02880 서울시 성북구 성북로 5-11
전화(02) 7474 001, 팩스(02) 736 5047
commbooks@commbooks.com
www.commbooks.com

ISBN 979-11-430-0149-8 03500

책값은 뒤표지에 표시되어 있습니다.

차례

생성형 AI로 문화의 차이를 넘어서다

1997년, 미국의 소매 거인 월마트는 야심 찬 기대로 독일 시장에 진출했다. 미국에서 성공한 전략이라면 독일에서도 통할 것이라는 확신이 있었다. 그러나 몇 년 후, 독일 월마트 직원들은 아침마다 어색하게 응원 구호를 외치고 있었고, 독일 고객들은 출입구에서 너무 친절하게 맞이하는 직원들에게 당혹감을 느꼈다. 미국에서는 친근함의 표현이었던 것이 보다 절제된 독일의 쇼핑 문화에서는 어울리지 않았던 것이다. 경영진은 현지 전문가의 조언과 문화적 신호를 무시한 채 자신들의 방식이 최선이라고 믿었다. 결과는 참담했다. 10년 만에 월마트는 독일 시장에서 완전히 철수해야 했고, 독일 소비자들과 진정한 연결을 형성하는 데 실패했다.

독일 철수를 발표하던 날, 월마트의 한 임원은 사석에서 "우리는 그저 독일인들이 미국인처럼 행동하길 바랐다"라고 말했다고 한다. 이 말에 글로벌 비즈니스의 가장 위험한 함정이 담겨 있다. 자신의 문화적 렌즈를 통해서만 세상을 보고, 다른 이들도 그렇게 본다고 가정하는 오류 말이다. 글로벌 비즈니스에서 "문화적 차이가 이익을 창출할 기회가 되는 경우는 드물다. 오히려 이는 갈등의 주요 원인이며, 심각한 위기를 초래할 수 있는 요인이 된다"(Hofstede, 1996). 호프스테더의 통찰은 문화적 이해의 부재가 비즈니스에 얼마나 치명적일 수 있는지를 강조한다. 호프스테더는 1970년대에 IBM 직원들을 대상으로 한 대규모 연구를 통해 문화적 차이가 직장 행동에 미치는 영향을 체계적으로 분석했다. 그의 연구는 문화적 충돌이 비용이 많이 드는 실수와 실패로 이어질 수 있음을 보여 주었고, 이는 월마트의 독일 사례에서 분명히 드러났다.

월마트만이 유일한 사례는 아니다. 베스트바이(Best Buy)의 중국 진출 실패, 까르푸(Carrefour)의 아시아 시장 철수, 코카콜라의 초기 일본 진출 실패 등 기업 역사에는 문화적 이해 부족으로 인한 값비싼 교훈들이 가득하다. 심지어 스타벅스조차도 이탈리아 시장에 진출했을 때 초기에 어려움을 겪었다. 이탈리아의 깊은 커피 문화를 이해하지 못하고 미국식 커피하우스 경험을 그대로 이식하려 했기 때문이다.

상상해 보자. 만약 당시 월마트 경영진들이 챗GPT(ChatGPT) 같은 AI(인공지능) 비서를 옆에 두고 있었다면 어땠을까? 독일 소비자의 쇼핑 기대, 직원들의 업무 문화에 대해 조언해 주고, 심지어 그 불운한 아침 응원 회의가 부적절하다고 미리 경고해 줄 수 있는 도구가 있었다면? 그랬다면 월마트의 독일 진출 이야기는 다른 결말을 맞이했을지도 모른다. 물론 이는 가정일 뿐이다. 오늘날 우리는 놀라운 현실에 살고 있다. 생성형 AI라는 이름의 기술 혁명이 글로벌 비즈니스 현장에 등장했고, 과거에는 상상할 수 없었던 방식으로 문화적 간극을 메우고 있기 때문이다. "문화적으로 다른 상대와 효과적으로 상호작용을 하는 능력은 글로벌 비즈니스에서 성공의 핵심 요소이며, 이제 인공지능은 이러한 문화적 지능(Cultural Intelligence)을 증폭하는 강력한 도구가 되고 있다"(Meyer & Kirby, 2024). 챗GPT 같은 도구들은 다양한 문화권의 규범, 가치, 기대치에 대한 풍부한 지식을 담고 있으며, 이를 실시간으로 접근할 수 있게 해 준다. 이는 모든 규모의 기업에 문화적 실수를 피하고, 다양한 시장에서 성공할 새로운 가능성을 열어 준다.

AI가 다시 쓰는 글로벌 비즈니스 규칙

우리는 전례 없는 기술 진보의 시대에 살고 있다. 1990년대 인터넷 혁명으로 웹사이트와 이메일 주소가 모든 기업의 필수품이 되었듯, 오늘날 AI 혁명은 챗GPT 같은 생성형 AI 도구를 글로벌 비즈니스 환경에서 필수적인 요소로 자리 잡게 하고 있다. 특히 AI는 단순한 자동화 기술을 넘어, 인간의 창의성과 의사 결정을 증폭하며, 비즈니스 운영 방식 자체를 변화시키고 있다.

최근 ≪뉴욕타임스≫ 베스트셀러에 오른 이선 몰릭의 『듀얼 브레인(Co-Intelligence: Living and Working with AI)』은 이러한 AI 시대의 본질을 깊이 있게 탐구한 책으로, AI가 단순한 기술적 도구가 아니라 우리의 사고방식과 업무 수행 방식 자체를 변화시키는 동반자가 될 수 있음을 강조한다. 몰릭은 특히 AI가 글로벌 비즈니스 환경에서 개인의 역량을 확장하고, 경쟁의 장을 평준화하는 역할을 수행한다고 주장한다. 그는 AI가 전문가들뿐만 아니라 일반 사용자들에게도 강력한 도구가 될 수 있으며, 특히 역량 차이가 큰 분야에서 그 격차를 줄이는 데 기여한다고 설명하며, "글쓰기, 아이디어 창출, 분석, 그 외 여러 전문 업무에서 역량이 하위권에 속한 사람은 AI의 도움으로 상당한 실력을 갖출 수 있다"라고 강조한다(Mollick, 2024/2025).

실제 비즈니스 현장에서 AI는 경영 혁신을 가속화하고, 기업의 경쟁력을 한 차원 높이는 역할을 하고 있다.

특히, 문화적 장벽을 허물고 현지 시장의 특성을 더욱 빠르게 이해하는 데 도움을 주면서, 기업이 새로운 시장에 성공적으로 진입할 수 있도록 돕고 있다. 이제 글로벌 시장에서 AI를 활용하는 기업과 그렇지 않은 기업 간의 격차는 더욱 벌어질 것이며, AI를 효과적으로 활용하는 것이 경쟁력의 핵심 요소가 될 것이다.

생각해 보자. 이전에는 새로운 시장에 진출할 때 그 문화에 대한 심층적인 이해가 필요했고, 이는 현장 연구, 전문 컨설턴트, 그리고 많은 시간과 자원을 요구했다. 이제 생성형 AI를 사용하면 새로운 문화에 대한 기본적인 이해를 몇 분 만에 얻을 수 있다. 물론 이것이 현지 경험과 인간의 직관을 완전히 대체하지는 않지만, 처음부터 시작하는 것보다 훨씬 앞선 출발점을 제공한다.

글로벌 시장을 겨냥한 기업에 이러한 AI 기능은 게임체인저다. 이를 통해 소규모 팀도 복잡한 글로벌 트렌드를 분석하고, 멀리 떨어진 지역의 고객 정서를 이해하며, 다양한 문화에 맞게 제품을 개인화할 수 있다. 이전에는 분석가 집단과 비싼 리서치 회사가 필요했던 작업이다.

주목해야 할 점은 생성형 AI가 단순한 자동화 도구가 아니라는 것이다. 이는 인간의 창의성과 문화적 이해를 증폭하는 협력자다. 적절하게 사용된다면, AI는 문화적 경계에서 새로운 종류의 대화를 가능하게 한다. 이해와 공감에 기초하고, 자동화된 효율성으로 강화된 대화를 제공한다.

하지만 AI 도입이 단순히 효율성이나 이익을 위한 것만은 아니다. 역사는 기술의 주요 변화를 무시한 이들이 뒤처진다는 것을 보여 준다. 오늘날 AI를 무시하는 것은 전기나 인터넷을 무시하는 것과 비슷하다. 글로벌 무대에서 성공하기 위한 선택이 아닌 필수다. AI는 문화적 미묘함과 문화적 차이를 인간보다 더 빠르게 배우고 적응할 수 있는 능력을 갖고 있다. 글로벌 비즈니스 문화의 맥락에서, AI는 강력한 스포트라이트 역할을 해 이제껏 파악하기 힘들었던 세세한 문화적 뉘앙스마저 자세히 알려 준다.

문화적 지능의 확산

현재 AI 혁명의 가장 흥미로운 측면 중 하나는 그것이 과거에는 대기업에만 국한되었던 지식과 역량이 확산하고 있다는 점이다. 과거에는 대규모 기업만이 광범위한 시장 조사를 수행하고, 현지 문화 컨설턴트를 고용하거나, 모든 지역에 현장 팀을 유지할 자원을 가지고 있었다. 오늘날에는 작은 스타트업이나 솔로 기업가도 몇 번의 키

입력만으로 글로벌 지식의 보고에 접근할 수 있다. 챗GPT 같은 생성형 AI 모델은 본질적으로 모두의 책상 위에 똑똑한 글로벌 비즈니스 조언자를 올려놓은 것과 마찬가지다. 이는 글로벌 확장에 필요했던 전통적인 장벽을 대대적으로 제거하고 있다.

인공지능은 중소기업이 대기업과 동등하게 경쟁할 수 있는 평등한 경쟁의 장을 만들어 내고 있다. 특히 글로벌 시장에서는 언어, 문화적 이해, 지역별 맞춤화가 중요한데, AI는 이러한 영역에서 중소기업들에 전례 없는 능력을 제공한다(World Economic Forum, 2025). 구체적인 시나리오를 생각해 보자. 5명으로 구성된 작은 한국 스타트업이 북유럽 시장에 자사의 모바일 앱을 출시한다고 가정해 보자. 과거에는 이런 시도가 엄청난 도전이었을 것이다. 스웨덴, 노르웨이, 덴마크의 문화적 뉘앙스를 이해하려면 비싼 컨설턴트를 고용하거나, 현지 사무실을 열거나, 적어도 광범위한 현지 조사를 해야 했다.

이제 생성형 AI의 도움으로, 이 스타트업 팀은 다양한 작업을 수행할 수 있게 되었다. 북유럽 소비자들의 모바일 앱 선호도, 디자인 기대치, UX 기대치에 대한 상세한 보고서를 생성하는 것이 가능해졌다. 또 각 북유럽 국가의 디지털 프라이버시 및 데이터 보호 관행에 대한 개요를 얻을 수 있게 되었으며, 현지 문화를 참조하고 유머를 활용하는 마케팅 캠페인 초안을 작성할 수 있게 되었다. 그뿐만 아니라, 각 국가의 기술 얼리어답터들이 자주 방문하는 온라인 포럼과 커뮤니티를 식별하고, 예상되는 고객 질문에 다국어 지원 문서를 준비하는 일도 가능해졌다. 이 모든 것을 컨설턴트 비용의 일부만으로, 그리고 몇 주가 아닌 며칠 내에 할 수 있게 된 것이다. 물론, 여전히 현지 전문가의 검토와 검증이 이상적이지만, 이 스타트업은 이전보다 훨씬 더 준비된 상태에서 대화에 참여할 수 있게 되었다.

언어 장벽을 생각해 보자. 한때는 극복하기 어려운 장애물이었다. 얼마 전만 해도, 여러 언어로 품질 높은 번역을 얻고 다양한 언어로 메시지를 작성하려면 전문 번역가와 현지 전문가를 고용해야 했다. 이제 AI 언어 모델은 거의 즉각적으로 모든 콘텐츠를 번역하고 현지화할 수 있다. 직역을 넘어, 맥락과 어조를 고려할 수 있고, 마케팅 슬로건을 수십 개 언어의 문화적 맥락에서 몇 분 안에 테스트할 수 있다. 이전에는 몇 주가 걸리고, 상당한 예산이 필요했던 작업이다. 생성형 AI의 언어 능력은 비즈니스의 소통 패러다임을 바꾸고 있으며, 다양한 언어와 문화적 맥락에서 즉각적이고 자연스러운 소통을 가능하게 한다(The Economist Intelligence Unit, 2024).

시장을 이해하는 것도 마찬가지다. 이전에는 해외 시장을 이해하기 위해 데이터 수집과 보고서 의뢰에 몇 달이 걸렸다. 생성형 AI는 인터넷의 방대한 정보 풀에서 주요 시장 트렌드, 소비자 선호도, 심지어 예상되는 경쟁자까지 요약할 수 있다. 간단히 말해, AI는 새로운 시장에서 속도를 내는 데 필요한 시간과 비용을 붕괴시켰다.

세계경제포럼은 최근 AI 에이전트가 산업별 지식과 공급망 전반에 전파됨으로써 글로벌 무역에서 중소기업이나 스타트업이 게임 체인저가 될 것이라고 강조했다. 구체적으로는, 이제 AI 시스템은 과거 외부 전문가를 고용하지 않으면 진입하기 어려웠던 국제 물류나 규제 준수 같은 복잡성마저 처리할 수 있게 되었음을 의미한다. 업무적인 복잡성이 AI에 의해 관리되면, 기업들은 파트너와 고객의 문화적 맥락을 이해하고 적응하는 데 더 집중할 수 있다.

또 생성형 AI가 글로벌 기업들에게 제공하는 흥미로운 기회 중 하나는 문화적 예상과 잠재적 편향을 테스트하는 능력이다. 예를 들어, 일본과 브라질 시장을 겨냥한 마케팅 캠페인을 준비하는 회사를 상상해 보자. 이 회사는 AI에게 일본 소비자와 브라질 소비자의 관점에서 캠페인을 분석해 달라고 요청할 수 있다. AI는 각 문화권에서 해당 메시지가 어떻게 해석될 수 있는지, 어떤 요소가 공감을 얻을지, 그리고 어떤 부분이 오해나 문화적 민감성을 유발할 수 있는지에 대한 통찰력을 제공할 수 있다.

이러한 변화는 글로벌 비즈니스 문화를 혁신하고 있다. AI는 다양한 방식으로 장벽을 깨고 있다. 실시간 협업이 가능해, 다섯 개 국가의 동료들과 가상 회의를 하면서 실시간 번역 자막을 제공할 수 있다. 또한 다양한 지역의 소비자 피드백을 분석함으로써 현지 취향에 맞춘 제품 출시가 가능하다. 그뿐만 아니라, 가상현실 시뮬레이션에서 가상 인물로 협상 시나리오를 연습할 수 있어 새로운 훈련 기회도 창출하고 있다. 이는 과거에는 글로벌 전략과 연구 개발(R & D)에 수백만 달러를 투자할 수 있는 기업들만의 특권이었다. 이제 인터넷 연결과 AI 도구 키트만 있으면 누구나 접근할 수 있다.

이 새로운 접근성의 결과는 무엇일까? 글로벌 비즈니스 영역의 확장된 다양성이다. 더 이상 다국적 대기업들이 국제 무역의 이점을 독점하지 않는다. 이제 개발 도상국의 사업자들, 특화된 틈새 상품을 가진 중소기업들, 그리고 AI를 활용해 자신의 서비스를 세계에 제공하는 솔로 기업가들이 무대에 등장할 수 있다. 이러한 확산은 글로벌 경제에 건강한 다양성을 주입하고, 더 넓은 혁신을 촉진하며, 더 포용적인 비즈니스 문화를 조성한다.

인간 통찰력과 AI 능력의 시너지

이제 생성형 AI의 등장으로, 이러한 프레임워크를 실시간으로 적용하고, 상황별 통찰력을 얻고, 다양한 문화적 시나리오를 시뮬레이션할 수 있다. 예를 들어, AI에게 "미국식 직접적인 피드백 스타일과 중국식 간접적인 피드백 스타일 간의 차이점은 무엇인가요?"라고 물을 수 있다. 또는 "프랑스 직원이 결정 과정에서 배제되었다고 느낄 때 어떤 행동이나 신호를 보일 수 있나요?"라고 물을 수도 있다.

더 복잡한 시나리오에서, AI는 다양한 문화 간 협상을 시뮬레이션하는 데 사용될 수 있으며, 가능한 반응과 오해를 예측하는 데 도움을 줄 수 있다. 이는 글로벌 비즈니스 전문가들의 문화적 역량을 향상할 기회를 제공한다. 실제 상호작용에서 실수하기 전에 안전한 환경에서 학습할 수 있다.

AI는 인간의 문화적 지능을 대체하는 것이 아니라, 그것을 확장하고 강화한다. 인간은 여전히 직관, 공감, 그리고 미묘한 사회적 신호를 이해하는 데 필수적이지만, AI는 이제 우리에게 방대한 문화적 지식에 대한 즉각적인 접근과 문화적 차이의 실시간 분석을 제공한다(Kim & Davis, 2024). 이러한 인간-AI 파트너십의 가능성을 이해하기 위해, 다음과 같은 시나리오를 생각해 보자. 한국 기업의 마케팅팀이 중동 시장에 진출한다. 팀은 그들의 메시지가 문화적으로 적절한지 확신이 없다. 이들은 AI에게 "사우디아라비아에서 여성을 타깃으로 삼는 화장품 마케팅에서 피해야 할 문화적 금기는 무엇인가요?"라고 물을 수 있다. AI는 현지 관습, 종교적 고려 사항, 그리고 적절한 시각적 표현에 대한 가이드라인을 즉시 제공할 수 있다. 그러나 여기서 끝나지 않는다.

미래를 준비하는 글로벌 리더의 새로운 필수 역량

글로벌 경영 환경에서 미래의 리더들에게는 두 가지 핵심 역량이 필요할 것이다. 문화적 지능(CQ)과 AI 리터러시(literacy)다. 이 두 영역의 교차점에서 진정한 경쟁 우위가 발생한다.

문화적 지능은 다양한 문화적 맥락을 이해하고 효과적으로 운영할 수 있는 능력이다. 여기에는 다른 의사소통 스타일에 대한 인식, 다양한 리더십 접근법에 대한 이해, 그리고 문화적 차이에 따른 신뢰 구축 방식의 차이를 아는 것이 포함된다. 문화적 지능은 다양성이 증가하는 글로벌 비즈니스 환경에서 필수적인 지도자 역량이 되었으며, 다른 문화적 맥락에서 효과적으로 기능할 수 있는 개인의 능력을 결정한다(Livermore, 2023).

AI 리터러시는 이러한 통찰력을 증폭하는 도구다. 이는 AI 시스템과 상호작용을 하는 방법, 정확한 결과를 얻기 위해 효과적인 프롬프트를 작성하는 방법, 그리고 AI의 추천을 비판적으로 평가하는 방법을 아는 것을 포함한다. 오늘날의 비즈니스 환경에서 AI 리터러시는 더 이상 기술 전문가들만의 영역이 아니다. AI 리터러시는 21세기의 필수적인 비즈니스 기술이 되었다. 글로벌 리더들은 AI의 가능성과 한계를 모두 이해하고, 이러한 도구를 전략적으로 활용해 경쟁 우위를 확보해야 한다(Johnston, 2024).

이 두 영역을 모두 숙달한 리더는 글로벌 비즈니스 문제에 대해 특별한 접근 방식을 취할 수 있다. 그들은 AI를 최대한 활용해 문화적 통찰력을 얻는 동시에, 인간의 판단과 감수성을 통해 이를 보완할 수 있다. 예를 들어, 국제 협상을 앞둔 글로벌 리더는 다음과 같이 할 수 있다.

먼저 AI를 사용해 상대방 문화의 협상 관행, 중요한 가치, 그리고 전형적인 양보 패턴을 연구한다. 이후 AI에게 가상의 협상 시나리오로 역할극을 하도록 요청해 다양한 접근법을 테스트한다. 그런 다음 인간의 직관과 감정 지능을 적용해 AI의 분석을 상황에 맞게 조정한다. 마지막으로 문화적 지능으로 대화의 미묘한 뉘앙스를 읽고, 전략을 실시간으로 적응시킨다.

이런 방식으로, 글로벌 리더는 AI의 분석적 힘과 인간의 미묘한 문화적 감수성을 모두 활용할 수 있다. 이는 과거의 어떤 접근법보다 더 강력하고 미묘한 것이다. 인공지능과 문화적 지능의 결합은 글로벌 비즈니스의 새로운 경쟁 우위를 창출한다. 이것은 기술과 인간 능력의 시너지를 통해 전례 없는 수준의 현지화와 문화적 적응력을 가능하게 한다(Zhang & Robertson, 2024).

이 책은 당신의 글로벌 비즈니스 여정을 안내하는 방법이다. 이 책을 펼치면서, 여러분은 AI가 강화된 글로벌 비즈니스 전략의 세계로 들어서는 여정을 시작하게 된다. 여러분 앞에 놓인 여정을 안내하기 위해, 이 책의 구성과 활용 방법을 간략히 설명해 보겠다.

이 책은 두 가지 핵심 축인, 문화적 지능과 AI 활용을 중심으로 구성되어 있다. 효과적인 글로벌 비즈니스 전략은 기술적 도구와 깊은 문화적 이해를 모두 요구한다. 우리의 접근 방식은 이 두 요소를 통합해 독자들에게 실질적인 경쟁 우위를 제공하는 것이다(Chen & Watson, 2023). 각 장은 글로벌 비즈니스의 특정 측면을 살펴보고, 문화적 차이를 이해하는 프레임워크와 함께 그러한 차이를 효과적으로 탐색하기 위해 AI를 활용하는 실용적인 방법을 제공한다.

1장에서는 호프스테더와 마이어의 문화 프레임워크를 소개하며, 이러한 모델이 실제 비즈니스 상황에 어떻게 적용되는지 살펴본다. 2장과 3장은 AI 기반 소통 도구가 어떻게 언어 장벽을 무너뜨리고, 고맥락 및 저맥락 문화 간의 오해를 줄일 수 있는지 탐색한다. 4장과 5장에서는 문화에 따른 리더십과 신뢰 구축의 차이를 살펴보고, AI가 이러한 차이를 헤쳐 나가는 데 어떤 도움을 줄 수 있는지 알아본다.

6장부터 9장까지는 협상, 마케팅, AI 프롬프트 설계, 그리고 비즈니스 에티켓의 문화적 미묘함을 다룬다. 각 영역에서 AI 도구는 문화적 통찰력을 확장하고 보다 효과적인 글로벌 상호작용을 가능하게 하는 방법을 제시한다. 마지막으로, 10장에서는 AI와 인간 협업의 미래를 탐색하고, 지속 가능하고 책임 있는 글로벌 비즈니스 관행을 발전시키는 데 AI가 어떻게 기여할 수 있는지 살펴본다.

이 책은 참고서이자 실용적인 가이드로 설계되었다. 각 장은 이론적 개념, 실제 사례 연구, 그리고 즉시 적용 가능한 AI 전략을 균형 있게 다룬다. 각 장의 개념을 직접 적용해 볼 수 있는 구체적인 챗GPT 프롬프트와 AI 활용 예시도 찾을 수 있을 것이다. "실용적인 안내서는 이론적 지식과 실제 적용 간의 다리를 건설해야 한다. 우리의 목표는 독자들이 AI와 문화적 통찰력을 결합해 즉시 활용할 수 있는 도구와 전략을 제공하는 것이다"(Harris & Nakamura, 2023). 이러한 철학에 따라, 이 책은 추상적인 문화 이론을 넘어 실질적인 비즈니스 결과를 얻을 수 있는 구체적인 방법을 제시한다.

이 책을 읽어 나가며 호프스테더, 홀(Hall), 마이어(Meyer)의 문화 이론이 여러 장에서 다양한 맥락으로 언급되는 것을 발견하게 될 것이다. 이는 이들 이론의 다양한 측면이 리더십, 협상, 마케팅 등 서로 다른 비즈니스 상황에서 어떻게 적용되는지 보여 주기 위함이다. 호프스테더의 『마음의 소프트웨어: 문화와 조직(Cultures and Organizations: Software of the Mind)』(2010)은 국가 문화를 6가지 차원으로 분석해 글로벌 문화 비교 연구의 기초를 마련했으며, 홀의 『숨겨진 차원(The Hidden Dimension)』(1966)과 『문화를 넘어서(Beyond Culture)』(1976)는 문화 간 커뮤니케이션과 맥락(고맥락/저맥락)의 중요성을 조명했다. 마이어의 『컬처 맵(The Culture Map)』(2014)은 8가지 비즈니스 활동 영역에서의 문화적 차이를 실용적으로 시각화했다. 이 세 학자의 저서는 글로벌 비즈니스 문화를 더 깊이 이해하고자 하는 독자들에게 귀중한 자료가 될 것이다.

여기서 핵심은 AI가 여러분의 글로벌 비즈니스 여정에서 만능 해결책은 아니지만 AI는 문화적 통찰력을 증폭하고, 오해 가능성을 줄이며, 효율성을 높이는 강력한 도구라는 것이다. 이 책은 AI와 인간의 강점이 어떻게 함께 작용해 글로벌 비즈니스에서 새로운 가능성을 열 수 있는지 보여 줄 것이다.

우리는 독자 여러분이 이 책을 한 장 한 장 읽어 나가며 AI 시대에 필요한 글로벌 비즈니스의 문화적 지능과 실용적 인사이트를 차근차근 쌓아 갈 수 있다고 확신한다. 각 장의 개념과 사례를 통해 문화적 차이를 이해하고, AI 도구를 활용해 그 차이를 효과적으로 탐색하는 방법을 배우게 될 것이다. 책을 덮을 때쯤이면, 여러분은 어느덧 글로벌 비즈니스 환경에서 필요한 문화적 민감성과 기술적 유창성을 갖춘 리더로서의 역량을 갖추게 될 것이다. 이는 글로벌 시장에서 경쟁 우위를 확보하고 다양한 문화적 배경을 가진 팀과 협력하는 데 필수 역량이다.

이제 준비가 되었으니, AI가 강화된 글로벌 비즈니스 문화의 세계로 함께 들어가 보자. 다양한 시장의 차이를 헤쳐 나가고, 문화적 경계를 넘어 의미 있는 관계를 구축하며, 생성형 AI의 힘을 활용해 글로벌 영향력을 확대하는 방법을 알아보자. AI 시대의 글로벌 비즈니스 문화의 여정에 오신 것을 환영한다. 함께 탐험해 보자.

참고문헌

Chen, L. & Watson, J.(2023). The future of global business strategy: Combining AI and cultural intelligence.

Harris, T. & Nakamura, S.(2023). New frameworks for practical global business guides.

Hofstede, G.(1996). Cultural differences and global business risks.

Johnson, R.(2023). The Strategic necessity of AI adoption in global business.

Kim, J. & Davis, L.(2024). The synergy of artificial intelligence and cultural intelligence.

Livermore, D.(2023). Global leadership and cultural intelligence.
Meyer, E. & Kirby, J.(2024). Cultural intelligence enhanced by AI.
Mollick, E.(2024). Co-Intelligence: Living and working with AI. Portfolio/Penguin. 신동숙 옮김(2025). 『듀얼 브레인. AI 시대의 실용적 생존 가이드』. 상상스퀘어.
The Economist Intelligence Unit(2024). The transformation of global business communication.
World Economic Forum(2025). AI as a game changer for SME global trade.
Zhang, M. & Robertson, T.(2024). AI and cultural competence: The new competitive edge in global business.

01
글로벌 비즈니스 문화의 기초 이해

글로벌 비즈니스에서 문화 차이의 이해는 비즈니스 성패의 핵심 요소다. 호프스테더와 마이어의 문화 프레임워크에서 권력 거리와 개인주의-집단주의 차원은 중요한 분석 틀을 제공한다. 고맥락-저맥락 문화적 차이는 비언어적 소통 방식에 큰 영향을 미치며, 생성형 AI는 이러한 문화적 차이를 관리하는 도구로 활용되고 있다.

AI와 1인 창업?

문화 프레임워크의 실용적 적용

글로벌 비즈니스 환경에서 문화적 차이를 이해하는 것은 단순한 교양이 아닌 비즈니스 성패를 가르는 핵심 요소다. 다양한 문화권의 파트너나 직원들과 효과적으로 소통하고 협력하기 위해서는 체계적인 문화 이해의 틀이 필요하다. 이런 필요에 부응해 여러 문화 프레임워크가 개발되었으며, 그중 호프스테더의 문화 차원 이론과 좀 더 최근에 등장한 에린 마이어(Erin Meyer)의 문화 지도(Culture Map)는 실무자들에게 특히 유용한 도구로 자리 잡았다.

네덜란드의 심리학자 호프스테더는 1970년대 말, IBM 직원들을 대상으로 한 방대한 연구를 통해 국가 문화를 비교할 수 있는 체계적인 모델을 개발했다. 그는 문화적 차이를 이해하지 못하면 비즈니스에 치명적 영향을 미칠 수 있음을 강조한다.

호프스테더는 문화를 여섯 가지 차원으로 구분해 측정했는데, 그중 권력 거리(Power Distance Index)는 "조직 내 권위와 계층적 구조에 대한 사회의 수용 정도를 나타내는 개념"이다(Hofstede & Minkov, 2010). 말레이시아, 필리핀 같은 권력 거리가 높은 문화에서는 상사의 결정에 이의를 제기하는 것이 불편하게 여겨지며, 명확한 지시를 기대한다. 반면 덴마크, 이스라엘 같은 낮은 권력 거리 문화에서는 수평적 관계가 선호되며, 직급과 관계없이 자유롭게 의견을 개진하는 분위기가 형성된다.

개인주의 대 집단주의(Individualism vs. Collectivism) 차원은 사회에서 개인과 집단의 관계를 나타낸다. 미국, 호주, 영국 같은 개인주의적 문화에서는 개인의 성취와 권리가 강조되는 반면, 중국, 한국, 일본 같은 집단주의적 문화에서는 소속 집단의 조화와 공동 목표가 중시된다. 실제 비즈니스 환경에서 이러한 차이는 인사 관리 방식에 영향을 미친다. 집단주의 문화권에서는 팀 기반 인센티브 제도가 효과적이며, 개인주의 문화권에서는 개별 성과 보상이 더 높은 동기 부여 효과를 보인다.

호프스테더의 기초 위에서, 스위스 인시아드(INSEAD) 경영대학원 교수 마이어는 2014년 『문화 지도(The Culture Map)』를 통해 더욱 현대적이고 실용적인 접근법을 제시했다. 마이어는 비즈니스 상황에 초점을 맞춰 8가지 활동 영역(의사소통, 평가, 설득, 리더십, 의사 결정, 신뢰, 의견 불일치, 일정 관리)에서 나타나는 문화적 차이를 스케일로 시각화했다.

특히 주목할 부분은 피드백 스타일의 차이다. "세계 각국의 관리자들은 전혀 다른 방식으로 피드백을 주고

받도록 학습된다. 중국의 관리자는 동료를 공개적으로 비판하지 않도록 교육받지만, 네덜란드의 관리자는 항상 솔직하게 메시지를 전달하는 법을 배운다"라고 마이어는 설명한다(Meyer, 2014). 미국 관리자는 피드백을 부드럽게 전달하는 '피드백 샌드위치' 기법을 자주 사용해 비판을 긍정적 코멘트로 감싸는 방식을 취한다. 반면 동아시아 관리자들은 체면 보호를 위해 직접적인 부정적 피드백을 거의 하지 않는다.

생성형 AI는 이러한 문화 프레임워크를 비즈니스 실무에 적용하는 데 큰 도움이 될 수 있다. 기업들은 챗GPT 같은 생성형 AI 도구를 활용해 특정 문화권에 맞는 비즈니스 접근법을 신속하게 파악할 수 있다. 예를 들어, 한국 기업과의 첫 미팅 준비 시 AI는 권력 거리, 집단주의적 성향, 관계 중심 비즈니스 문화 등을 고려한 구체적인 조언을 제공할 수 있다.

문화 프레임워크의 진정한 가치는 단순히 차이를 인식하는 데 그치지 않고, 이를 비즈니스 전략과 실행에 통합하는 데 있다. 생성형 AI는 이 과정을 더욱 정교하고 개인화해, 글로벌 비즈니스 환경에서 문화적 민감성을 갖춘 의사 결정을 지원하고 있다.

비즈니스 문화 충돌

문화적 차이는 다국적 기업 합병, 해외 시장 진출, 다국적 팀 관리에서 실질적인 비용과 위험을 초래한다. 다임러-크라이슬러의 실패와 르노-닛산의 성공은 문화적 통합의 중요성을 보여 주는 대조적 사례다. 생성형 AI는 문화 충돌 예측, 위험 관리, 문화적 중재를 통해 글로벌 비즈니스의 성공 가능성을 높이는 핵심 도구로 부상하고 있다.

기업 문화의 충돌이 가장 극적으로 드러나는 사례 중 하나는 다국적 기업 간 합병 과정이다. 대표적인 예로 다임러-크라이슬러 합병 사례를 들 수 있다. "다임러-벤츠의 기업 문화는 위계적이고 엔지니어링 중심이었던 반면, 크라이슬러의 문화는 기업가적이고 유연했다. 비평가들은 지배적인 독일 문화가 미국 측을 압도했고, 이에 따라 의사 결정 권한의 불균형이 초래되었다고 주장한다"라고 분석된다(IMAA analysis, 2009).

이러한 문화적 충돌은 두 기업의 통합을 어렵게 만들었고, 결국 합병은 실패로 끝났다. 독일 측의 공식적이고 체계적인 접근법은 미국 측의 신속하고 혁신적인 방식과 충돌했으며, 특히 의사 결정과 리더십 스타일의 차이가 두드러졌다. 결국 이 문화적 불일치는 운영 측면의 통합을 저해했고, 시너지 효과 창출에 실패하면서 주주 가치를 크게 손상했다.

반면 르노-닛산 동맹은 문화적 차이를 성공적으로 관리한 사례로 종종 언급된다. 1999년 카를로스 곤(Carlos Ghosn)의 리더십 아래 시작된 이 동맹은 프랑스와 일본의 상이한 기업 문화를 조화시키는 데 성공했다. "프랑스는 중간 수준의 권력 거리를 가지고 있지만, 일본은 높은 권력 거리와 강력한 위계적 프로토콜을 갖고 있다."

곤이 닛산의 최고경영자(CEO)로 취임했을 때, 그는 젊은 직원들이 회의에서 발언하지 않고 결정에 오랜 합의 구축이 필요한 문화와 마주했다. 곤의 스타일은 보다 직접적이고 하향식이었지만, 그는 일본 규범에 대한 존중도 보여주었다. 그는 초기에 집중적으로 경청했고, 공장을 시찰하며 타운홀 미팅을 개최해 하급 직원들도 익명으로 문제를 공유하도록 장려했다. 닛산 직원들은 곤의 결단력 있는 리더십을 일부 수용했는데, 이는 그가 일본의 평생 고용 안정 가치와 연계했기 때문이었다. 이 동맹은 닛산을 회생시키고, 세계 최대 자동차 그룹 중 하나가 되었다.

비언어적 소통의 중요성

비언어적 소통은 글로벌 비즈니스의 성패를 좌우하는 핵심 요소다. 문화에 따라 몸짓, 눈 맞춤, 공간 활용, 침묵의 해석이 극적으로 달라지며, 이러한 차이는 심각한 오해와 비즈니스 기회 손실로 이어질 수 있다. 생성형 AI는 문화 간 비언어적 소통의 이해와 관리를 위한 새로운 도구로 부상하고 있다.

문화인류학자 에드워드 홀은 비언어적 소통을 문화 이해의 핵심 요소로 보고, 고맥락 문화에서는 "말해지지 않은 메시지가 종종 말해진 것보다 더 중요할 수 있다"라고 설명했다(Hall, 1976). 일본 같은 고맥락 문화에서는 직접적인 거절보다 미묘한 신체 언어나 침묵이 불편함이나 거부를 나타내는 신호가 될 수 있다.

신체 언어는 문화에 따라 매우 다른 의미가 있다. 미국에서 눈 맞춤은 자신감과 정직함의 표현이지만, 일부 아시아 문화권에서는 직접적인 눈 맞춤이 무례하거나 도전적으로 해석될 수 있다. 이탈리아나 프랑스에서는 대화 중 손짓이 풍부하게 사용되는 반면, 북유럽 국가들에서는 더 절제된 몸짓이 선호된다.

거리와 공간 활용에서도 문화적 차이가 두드러진다. 홀이 '프록세믹스(proxemics)'라고 명명한 이 개념에 따르면, 중동이나 라틴 아메리카 문화권에서는 비즈니스 대화 중에도 상대방과 가까운 거리를 유지하는 것이 친밀감의 표현으로 여겨지지만, 북미나 북유럽에서는 이러한 가까운 거리가 불편함을 야기할 수 있다(Hall, 1966).

침묵의 해석도 문화마다 크게 다르다. 미국 같은 저맥락 문화에서 침묵은 종종 불편함이나 무관심의 신호로 해석되어 신속히 메워져야 할 공간으로 간주한다. 반면, 핀란드나 일본 같은 문화에서는 침묵이 존중과 신중한 숙고의 표현으로 긍정적으로 평가된다. "일본에서는 실제 동의가 있을 경우, 후속 조치나 더 구체적인 표현이 나온다"는 점은 비언어적 신호 관찰의 중요성을 강조한다(Baba, 2018).

온라인 환경에서도 유사한 오해가 발생한다. 2020년 코로나19 팬데믹으로 인해 화상 회의가 급증하면서, 비언어적 소통의 새로운 차원이 드러났다. 한 연구에 따르면, 화상 회의에서 미국인들은 자유롭게 카메라를 끄거나 다른 일을 병행하는 경향이 있었지만, 일본인 참가자들은 이를 존중의 부재로 해석하는 경향이 있었다. 이처럼 디지털 환경에서도 비언어적 소통의 문화적 차이는 여전히 큰 영향을 미친다.

2023년 이후 발전된 생성형 AI는 비언어적 소통의 문화적 차이를 이해하고 관리하는 데 획기적인 도구로 활용되고 있다. 멀티모달(multimodal, 다중 양상) AI의 발전으로 텍스트뿐만 아니라 이미지, 비디오, 음성까지 분석할 수 있게 되면서 비언어적 소통의 분석과 훈련이 더욱 정교해졌다. 최신 AI 비디오 분석 도구는 국제회의나 협상 과정을 실시간으로 모니터링해 문화적으로 중요한 비언어적 신호를 식별하고 해석할 수 있다.

비언어적 소통의 문화적 차이를 이해하고 효과적으로 관리하는 것은 글로벌 비즈니스 성공의 필수 요소다. 생성형 AI의 발전으로 이제 기업과 전문가들은 이러한 미묘한 차이를 더욱 체계적으로 분석하고 적응할 수 있게 되었다. 문화적 민감성을 갖춘 비언어적 소통은 단순한 실수 방지를 넘어, 깊은 신뢰와 상호 존중을 바탕으로 한 강력한 글로벌 비즈니스 관계 구축의 기반이 된다.

참고문헌

Baba, K.(2018). Nonverbal communication in Japanese business culture. *Journal of International Business Studies.*

Hall, E. T.(1966). *The hidden dimension.* Doubleday.

Hall, E. T.(1976). *Beyond culture.* Anchor Books.

Hofstede, G.(1996). Cultural constraints in management theories.

In Osland, J. S. et al.(Eds.), *The organizational behavior reader*. Prentice Hall.

Hofstede, G. & Minkov, M.(2010). *Cultures and organizations: Software of the mind* (3rd ed.). McGraw-Hill.

IMAA Institute(2009). Merger of equals or acquisition: DaimlerChrysler. *International mergers & acquisitions analysis*.

Meyer, E.(2014). *The culture map: Breaking through the invisible boundaries of global business*. PublicAffairs. 박세연 옮김(2016). 『컬처 맵』. 열린책들.

Pease, A. & Pease, B.(2004). *The definitive book of body lnguage*. Bantam Books.

02
생성형 AI의 등장과 글로벌 비즈니스 혁신

글로벌 비즈니스 환경에서 생성형 AI는 다국어 커뮤니케이션과 문화적 장벽 극복에 혁신을 가져왔다. 기업들은 이 기술을 글로벌 전략에 통합하고 있으며, 중소기업과 스타트업에 새로운 국제 시장 진출 기회를 제공하고 있다. 이를 통해 기업 규모와 상관없이 글로벌 경쟁력을 갖출 수 있게 되었다.

AI와 MBTI?

챗GPT에서 멀티모달 AI까지

생성형 AI 기술의 급속한 발전은 다국어 및 다문화 커뮤니케이션을 혁신적으로 변화시키고 있다. 텍스트 기반 모델에서 멀티모달 시스템으로의 진화는 글로벌 비즈니스에서 언어 장벽과 문화적 장애물을 극복하는 새로운 가능성을 열었다. 실시간 통번역, 콘텐츠 현지화, 협상 분석 분야에서 AI는 문화적 뉘앙스를 포착하고 적응하는 능력을 지속적으로 향상하고 있다.

실시간 통번역 분야에서는 과거 스카이프(Skype)가 선보인 기능이 2023년 이후 훨씬 더 정교해져, 현재는 미묘한 문화적 뉘앙스까지 반영하는 수준에 도달했다. 폭스바겐과 HSBC는 내부 회의에서 이러한 기술을 시범 운영해 다문화 팀 간 소통을 촉진했으며, 특히 회의에서 실시간으로 문화적 배경 정보를 제공하는 기능이 높은 평가를 받았다(Global Business Tech Review, 2023).

글로벌 마케팅 및 콘텐츠 현지화 영역에서도 생성형 AI의 역할이 중요해졌다. 기존의 번역 서비스가 문장 단위의 직역에 그쳤다면, 최신 AI는 브랜드 톤과 로컬 마케팅 트렌드를 고려한 재창작이 가능해졌다. 예를 들어, "죽을 만큼 매운맛"이라는 한국 광고 문구를 영어로 직역하면 부정적으로 들릴 수 있지만, 생성형 AI는 문화적 맥락을 파악해 "mind-blowingly spicy"와 같이 현지인들에게 자연스럽게 다가갈 수 있는 표현으로 변환할 수 있게 되었다(Cross-Cultural Marketing Institute, 2024).

생성형 AI 기술의 발전은 글로벌 비즈니스 환경에 광범위한 영향을 미치고 있다. 가장 큰 변화는 언어와 문화적 장벽의 완화다. 이전에는 다국어 능력과 문화적 이해가 글로벌 비즈니스의 필수 요소였지만, 생성형 AI의 발전으로 언어와 문화적 격차가 상당 부분 해소되고 있다. 이는 중소기업과 스타트업에 특히 유의미한 변화로, 대규모 현지화 팀 없이도 글로벌 시장에 진출할 기회를 제공한다.

의사 결정 과정도 혁신적으로 변화하고 있다. 생성형 AI는 다양한 문화권의 데이터를 분석해 문화적 선호도와 행동 패턴을 예측하고, 이를 바탕으로 최적화된 비즈니스 전략을 제안할 수 있다. 특히 가상 시나리오 시뮬레이션을 통해 다양한 문화적 맥락에서의 의사 결정 결과를 예측하는 능력은 글로벌 전략 수립에 큰 도움이 되고 있다.

미래에는 생성형 AI가 더욱 진화해 개인 맞춤형 문화 도우미(assistant)로 발전할 것으로 예상된다. 이는 개인의 문화적 배경, 선호도, 상황에 맞게 최적화된 조언을 제공하는 AI 시스템을 의미한다. 특히 AR(증강현실)과 VR(가상현실) 기술과의 결합을 통해, 현장에서 실시간으로 문화적 맥락 정보와 소통 가이드를 제공하는 형태로 발전할 것이다.

실시간 통번역을 넘어선 문화적 맥락화

생성형 AI 기술은 단순한 언어 번역을 넘어 문화적 뉘앙스와 맥락을 파악하고 적용하는 '문화적 맥락화(cultural contextualization)' 능력을 갖추게 되었다. 이제 AI는 언어 간 변환뿐 아니라 문화적 참조, 관용어구, 감정 표현, 비언어적 신호까지 분석하고 적절히 해석한다. 이러한 발전은 글로벌 비즈니스에서 진정한 다문화 소통을 가능하게 하는 새로운 패러다임을 제시하고 있다.

생성형 AI의 발전은 '문화적 맥락 스위칭(cultural context switching)'이라는 새로운 비즈니스 역량을 가능하게 했다. 이는 동일한 메시지를 서로 다른 문화적 맥락에 맞게 자동으로 조정하는 능력이다. 2024년 초 한 글로벌 금융 기관은 구조 조정 계획을 다양한 국가의 직원들에게 알릴 때 AI 기반 문화적 맥락화 도구를 활용했다. 같은 내용이라도 미국 직원들에게는 직접적이고 사실 중심적으로, 아시아 지역 직원들에게는 관계와 장기적 비전을 강조하는 방식으로, 유럽 직원들에게는 논리적 근거와 절차적 공정성을 강조하는 형태로 메시지가 조정되었다.

이런 능력은 협상과 영업 상황에서 특히 가치가 높다. AI는 현지 문화의 관용어와 속담을 활용해 더 공감적이고 친근한 커뮤니케이션을 구현한다. 이는 단순히 이해 가능한 메시지를 넘어 문화적으로 울림이 있는 메시지를 전달한다는 점에서 큰 차이가 있다(Cross-Cultural AI Applications, 2023).

글로벌 비즈니스 리더들이 문화적 맥락화 AI를 효과적으로 활용하기 위해서는 몇 가지 전략적 접근이 필요하다. AI 번역과 맥락화 도구를 도입할 때는 철저한 테스트와 검증이 필요하다. 특정 산업 용어나 회사 고유의 표현이 정확히 처리되는지 확인해야 한다. AI와 인간 전문가의 협업 모델을 구축하는 것도 중요하다. 생성형 AI가 초안을 작성하고, 문화적 뉘앙스에 민감한 부분은 인간 전문가가 검토하는 방식이 효과적이다. 문화적 맥락화는 기술과 인간 통찰의 시너지가 필요하다. AI는 패턴을 인식하고 대안을 제시하지만, 최종 판단은 문화적 감수성을 갖춘 인간이 내려야 한다(AI-Human Collaboration Study, 2024).

생성형 AI에 문화적 맥락에 관한 충분한 정보를 제공하는 것도 중요하다. 단순히 "이 메시지를 번역해 달라"고 요청하는 것보다 "이 메시지를 일본 시니어 경영진을 위해 존중과 간접적 표현을 사용해 번역해 달라"고 구체적으로 요청하면 훨씬 더 적절한 결과를 얻을 수 있다.

생성형 AI의 문화적 맥락화 능력은 글로벌 비즈니스의 패러다임을 변화시키고 있다. 이는 단순히 의사소통을 가능하게 하는 것을 넘어, 문화적 경계를 초월한 진정한 소통과 공감을 가능하게 한다. 그러나 이러한 도구는 인간의 문화적 지능을 대체하기보다 확장하는 방향으로 활용될 때 가장 큰 가치를 발휘할 것이다.

글로벌 비즈니스 전략과 AI 통합

생성형 AI를 글로벌 비즈니스에 통합하기 위해서는 전략적 프레임워크, 단계별 구현 방법론, 조직 역량 구축이 필요하다. 성공적인 AI 통합은 기술적 요소와 문화적 감수성의 균형을 요구하며, 특히 다양한 문화권에서 운영되는 글로벌 기업에게는 문화적 위험 관리와 현지화된 접근법이 핵심 성공 요소로 작용한다.

글로벌 컨설팅사 매킨지(McKinsey)의 2023년 연구에 따르면, AI 도입 성공률이 높은 기업들은 기술 도입을 위한 명확한 로드맵과 함께 조직 전반의 변화 관리 전략을 갖추고 있다(McKinsey Global Institute, 2023). 글로벌 AI 통합 프레임워크의 핵심 구성 요소로는 문화적 리스크 평가 메커니즘, 데이터 거버넌스 전략, 문화적으로 조정된 AI 인터페이스와 사용자 경험 설계 등이 있다.

문화적 리스크 평가 메커니즘은 AI 기반 문화 리스크 분석 시스템을 통해 AI가 문화적으로 적절하지 않은 콘텐츠를 생성하거나 특정 문화권의 민감한 요소를 간과할 수 있는 시나리오를 식별하고, 이에 대한 완화 전략을 제안한다(Cultural Risk Intelligence, 2024). 데이터 거버넌스 전략의 경우, 글로벌 기업은 여러 국가의 서로 다른 데이터 규제를 준수하면서도 AI 시스템을 효과적으로 운영해야 한다. 각 지역의 데이터 주권 요구 사항을 충족하면서도 글로벌 AI 운영의 효율성을 유지하는 균형점을 찾는 것이 중요하다(Global Data Governance Forum, 2024). 또 문화적으로 조정된 AI 인터페이스와 사용자 경험 설계에 서구 사용자는 직관적이고 개인화된 경험을 선호하는 반면, 일부 아시아 문화권에서는 계층적 구조와 집단적 의사 결정을 지원하는 인터페이스가 더 효과적이다(Cross-Cultural UX Design, 2023).

글로벌 비즈니스 리더들이 생성형 AI를 실무에 접목

할 때 고려해야 할 실용적 전략들이 있다. "문화 특화 프롬프트 라이브러리" 구축은 다양한 문화권과 비즈니스 상황에 맞게 최적화된 AI 프롬프트 템플릿을 체계화하는 방법이다. 동일한 마케팅 기획을 위한 프롬프트도 미국, 일본, 중동 시장에 따라 다르게 구성함으로써 문화적으로 적절한 결과물 생성 가능성을 높일 수 있다.

또한 생성형 AI와 인간 전문가 간의 효과적인 협업 모델 정립도 중요하다. 인간-AI 협업 매트릭스를 통해 업무 영역별로 AI 주도 또는 인간 주도 방식을 명확히 정의할 수 있다. 특히 문화적 민감도가 높은 의사 결정에서는 인간의 판단이 중심이 되는 협업 구조가 바람직하다.

변화 관리 측면에서는 문화적으로 적절한 접근법이 중요하다. 고맥락 문화권에서는 AI 도입의 '왜'에 초점을 맞추고 관계와 신뢰 구축을 강조하는 반면, 저맥락 문화권에서는 AI의 기능적 이점과 효율성을 강조하는 것이 효과적이다(Cross-Cultural Change Management, 2023).

생성형 AI를 글로벌 비즈니스 전략에 통합하는 것은 기술 도입 이상의 의미가 있다. 이는 문화적 경계를 넘어 비즈니스를 재구성하는 변혁적 과정이다. 성공적인 통합을 위해서는 기술적 요소와 문화적 요소의 균형, 그리고 체계적인 접근법이 필수적이다.

참고문헌

AI–Human Collaboration Study(2024). Synergistic approaches to cultural context in business communication. *AI Ethics & Society.*

Cross–Cultural AI Applications(2023). Beyond translation: Cultural resonance in AI–mediated communication. *Journal of Applied AI.*

Cross–Cultural Change Management(2023). AI adoption strategies across cultural contexts. *International journal of change management.*

Cross–Cultural Marketing Institute(2024). AI localization strategies in global marketing. *International journal of AI marketing.*

Cross–Cultural UX Design(2023). Cultural adaptation of AI interfaces. *Journal of user experience.*

Cultural Risk Intelligence(2024). AI–driven cultural risk assessment in global business. *Risk management quarterly.*

Global Business Tech Review(2023). Real–time AI translation in multinational corporations. *Business technology quarterly.*

Global Data Governance Forum(2024). Balancing global AI operations with local data regulations. *International data policy review.*

Global Marketing Intelligence(2023). Cultural adaptation in global product launches. *International marketing review.*

Martinez, L.(2024). Multimodal AI in cross–cultural business settings. *Journal of international business technology.*

McKinsey Global Institute(2023). The state of AI in global business. *McKinsey quarterly* special edition.

Strategic AI Implementation(2024). Prioritizing AI applications in global operations. *Harvard business review digital.*
Zhang, K. & Kumar, R.(2023). Cultural nuance comprehension in large language models. *Computational linguistics & AI.*

03
문화 간 의사소통의 혁명

글로벌 비즈니스에서 문화 간 의사소통의
차이는 많은 오해와 갈등의 원인이 되어 왔다.
생성형 AI 기술은 이제 고맥락-저맥락 문화 간
커뮤니케이션 갭을 효과적으로 해소하고,
다국어 콘텐츠의 단순 번역을 넘어 문화적
맥락을 반영한 진정한 현지화를 가능하게 한다.

AI와 난임 극복?

AI를 활용한 커뮤니케이션 갭 해소

문화 간 의사소통에서 고맥락(high-context)과 저맥락(low-context) 소통 방식의 차이는 글로벌 비즈니스에서 발생하는 많은 오해와 갈등의 근본 원인이다. 생성형 AI는 이러한 문화적 커뮤니케이션 갭을 실시간으로 인식하고 변환하며, 다국적 팀 협업을 개선하는 혁신적인 도구로 부상하고 있다.

고맥락 문화(일본, 중국, 아랍권 등)에서는 메시지의 맥락, 배경지식, 사회적 관계가 명시적으로 표현된 내용만큼이나 중요하다. "고맥락 문화에서는 메시지의 기저(context), 의미, 그리고 톤이 중요하다"는 점이 이들 문화권 소통의 핵심이다(United Language Group, 2018). 이러한 환경에서는 비언어적 신호와 공유된 이해가 의사소통의 중심을 이룬다.

반면 저맥락 문화(독일, 미국, 스위스 등)에서는 직접적이고 명시적인 의사소통이 우선시된다. 저맥락 문화에서는 오해를 피하고자 의사소통이 명확하고 직접적으로 이뤄져야 한다(United Language Group, 2018). 이러한 문화에서는 '말해지지 않은 것'은 중요하지 않거나 존재하지 않는 것으로 간주한다.

이러한 차이는 비즈니스 상황에서 심각한 오해를 초

래한다. 일본 비즈니스 맥락에서 "검토해 보겠습니다"라는 표현은 종종 간접적인 거절의 의미를 담고 있지만, 미국 파트너는 이를 긍정적인 관심의 표현으로 잘못 해석한다. 마찬가지로 미국인의 직설적인 피드백이 고맥락 문화권 사람들에게는 무례하게 느껴질 수 있다.

2023년 이후 발전된 생성형 AI는 고맥락-저맥락 문화 간 소통 격차를 효과적으로 해소하는 능력을 갖추게 되었다. 이러한 AI 시스템은 명시적 메시지뿐만 아니라 문화적 맥락과 함축적 의미까지 분석하고 해석할 수 있다.

생성형 AI는 문화적 맥락 변환기로 작용한다. 고맥락 문화의 간접적 메시지를 저맥락 문화에 맞게 더 명확하고 직접적으로 변환하거나, 반대로 저맥락 문화의 직설적인 메시지를 고맥락 문화에 적합한 방식으로 완화할 수 있다. 한 글로벌 소프트웨어 기업은 AI 기반 통역 도구를 개발해 회의 중 실시간으로 이러한 문화적 맥락 변환을 제공하고 있다.

생성형 AI와 다국어 콘텐츠 현지화 전략

생성형 AI는 기존의 번역 중심 접근법에서 벗어나 '트랜스크리에이션(transcreation)' 중심의 현지화를 가능하게 한다. 트랜스크리에이션은 단순 번역을 넘어 원본의 의도와 감정적 영향을 유지하면서 대상 문화에 맞게 콘텐츠를 재창조하는 과정이다.

에어비앤비(Airbnb)는 60개 이상의 언어로 숙소 설명을 실시간 번역하는 데 생성형 AI를 적극 활용하고 있다. 이 시스템은 단순 번역을 넘어 각 지역의 문화적 기대와 언어적 뉘앙스에 맞게 콘텐츠를 재구성한다. 예를 들어, 미국 호스트가 작성한 "cozy apartment with stunning views"라는 표현을 일본 사용자에게는 일본 문화의 자연과의 조화를 강조하는 방식으로 변환한다(Airbnb Global User Experience, 2023).

허브스팟(HubSpot)도 마케팅 자료 현지화에 AI 기술을 도입해 작업 시간을 단축하면서도 현지 문화 특성을 잘 반영한 콘텐츠를 제작하고 있다. "AI 도입 후 콘텐츠 현지화 속도가 3배 이상 향상되었으며, 현지 마케팅 전문가들이 창의적인 전략 수립에 더 많은 시간을 할애할 수 있게 되었다"(Digital Marketing Transformation, 2023).

이러한 접근법은 단순히 효율성을 높이는 것을 넘어, 각 지역 시장에서 브랜드 메시지가 문화적으로 공감을 얻을 수 있도록 하는 질적 변화를 가져온다. 생성형 AI는 각 언어와 문화권의 특성을 학습해 원본의 핵심 메시지와 감성을 현지 맥락에 맞게 재해석할 수 있는 능력을 갖추고 있다.

최신 생성형 AI 시스템은 이미지와 디자인 요소의 문화적 적합성도 분석할 수 있다. 한 글로벌 음료 회사는 신제품 광고 캠페인을 20개국에 출시하면서 AI 기반 문화 분석 도구를 활용했다. 이 도구는 특정 제스처나 이미지가 일부 국가에서 문화적 금기나 오해를 불러일으킬 수 있는지 식별했다. 실제로 중동 지역용 광고에서 한 손짓이 오해를 살 수 있다는 AI의 경고 덕분에 출시 전 수정이 이뤄져 잠재적 위기를 방지했다(Cross-Cultural Marketing Analytics, 2023).

생성형 AI는 스토리텔링 방식의 문화적 차이도 고려한다. 서구권에서는 보통 목표와 성취 중심의 직접적인 내러티브가 효과적이지만, 많은 아시아 문화에서는 관계와 공동체 중심의 간접적 스토리텔링이 더 공감을 얻는다. AI는 이러한 차이를 인식하고 각 문화권에 맞게 내러티브 구조를 조정할 수 있다.

이처럼 생성형 AI는 언어 번역을 넘어 문화적 맥락을 고려한 총체적 콘텐츠 최적화를 가능하게 한다. 이는 텍스트, 이미지, 디자인, 스토리텔링 방식 등 모든 요소가 대상 문화권에 적합하게 조정되어 일관된 브랜드 경험을 제공할 수 있게 한다.

한 글로벌 패션 리테일러는 AI 기반 동적 현지화 플랫폼을 구축해 10개국 온라인 스토어의 콘텐츠를 실시간으로 현지화하고 있다. 이 시스템은 제품 설명, 프로모션 메시지, 사용자 리뷰를 지역 언어로 번역할 뿐만 아니라, 현지 문화와 패션 트렌드에 맞게 콘텐츠를 재구성한다. 예를 들어, 같은 드레스를 미국 시장에서는 파티용으로, 일본 시장에서는 격식 있는 행사용으로, 브라질 시장에서는 격식 없는 데일리웨어로 다르게 차별화한다 (Fashion Tech Innovation, 2024).

효과적인 현지화 시스템 구축을 위해서는 품질 관리 체계가 필수적이다. AI가 생성한 현지화 콘텐츠는 정기적으로 현지 전문가의 검토를 받아야 한다. 현지화 품질 루프를 설계해 AI 출력물에 대한 피드백이 시스템에 지속적으로 반영되도록 하면, 시간이 지날수록 AI의 현지화 품질이 향상되어 인간 검토의 필요성이 줄어든다.

글로벌 팀 미팅에서의 AI 활용

다국적 팀 미팅에서 발생하는 문화적 의사소통 장벽은 기업 성과에 직접적인 영향을 미친다. 생성형 AI는 실시간 문화 중재자로서 서로 다른 소통 스타일과 회의 문화

간의 충돌을 완화하고, 균형 있는 참여를 촉진하며, 문화적 맥락을 해석해 팀 협업 효율성과 의사 결정 속도를 획기적으로 개선한다.

마이크로소프트 팀스(Microsoft Teams)는 2023년 말부터 문화 맥락 알림 기능을 통합했다. 이 기능은 특정 표현이나 제안이 다른 문화권에서 어떻게 해석될 수 있는지에 대한 실시간 인사이트를 제공한다. 예를 들어, 미국 팀원이 “Let’s be aggressive with this timeline”이라고 말했을 때, 시스템은 일본이나 북유럽 참가자들에게 이것이 미국 비즈니스 맥락에서는 적극적인 목표 설정을 의미한다고 설명한다(Digital Workplace Forum, 2023).

가장 발전된 AI 중재 시스템은 대화 흐름 최적화까지 지원한다. 이는 각 문화권의 선호되는 회의 구조와 의사 결정 방식을 고려해 회의 진행을 조정하는 것이다. 관계 중심 문화권 참가자들을 위한 사교적 시작 시각과 과업 중심 문화권 참가자들을 위한 명확한 결론 도출 방식을 균형 있게 구성하도록 제안한다.

기업이 효과적인 AI 문화 중재 시스템을 구축하고 활용하기 위해서는 체계적인 접근이 필요하다. 문화 프로파일 데이터베이스 구축이 기본이다. 조직 내 다양한 문화권의 의사소통 선호도, 의사 결정 방식, 피드백 스타일 등에 관한 데이터를 수집하고 분석한다. 이 데이터베이스는 AI 시스템이 문화적 차이를 정확히 인식하고 중재하는 기반이 된다.

점진적 도입과 피드백 수렴도 중요하다. AI 문화 중재 시스템은 처음부터 완벽할 수 없으며, 실제 사용 경험과 피드백을 통해 지속적으로 개선되어야 한다. 소규모 파일럿을 통해 시스템을 테스트하고, 사용자 피드백을 적극적으로 수렴해 개선하는 프로세스를 구축해야 한다.

AI와 인간 중재자의 역할 균형도 고려해야 한다. AI는 문화적 차이를 식별하고 정보를 제공하는 데 탁월하지만, 복잡한 문화적 갈등 해결에는 인간의 공감과 판단이 여전히 필요하다. 따라서 AI 시스템과 인간 중재자가 협력하는 하이브리드 모델이 가장 효과적이다.

AI 문화 중재 기술은 빠르게 발전하고 있으며, 향후 감정 인식 기능이 더욱 정교해지고, 개인화된 문화 코칭이 확대될 것으로 예상된다. 또한 가상현실/증강현실 기술과의 통합으로 가상 회의 공간에서 문화적 맥락을 시각적으로 표현하는 몰입형 경험도 제공될 전망이다.

글로벌 팀 미팅에서 AI 문화 중재자의 활용은 단순한 기술 혁신을 넘어 조직 문화의 변화를 의미한다. 이는 문화적 다양성을 문제가 아닌 자산으로 바라보는 관점의 전환을 촉진한다. AI의 지원을 받아 다양한 문화적 관점을 효과적으로 통합함으로써, 글로벌 팀은 더 창의적인 해결책을 도출하고, 더 민첩하게 협업하며, 궁극적으로 더 우수한 비즈니스 성과를 달성할 수 있다.

참고문헌

Airbnb Global User Experience(2023). AI-powered localization in global travel platforms. *International travel experience journal.*

Automotive Design Technology(2023). AI-mediated design reviews in multinational automotive companies. *Automotive innovation journal.*

Cross-Cultural Marketing Analytics(2023). Visual elements in global advertising: Cultural sensitivity analysis. *Journal of international marketing.*

Cross-Cultural Team Dynamics(2023). The impact of cultural mediation on global team performance. *McKinsey quarterly.*

Digital Marketing Transformation(2023). AI adaptation in global marketing operations. *Marketing technology review.*

Digital Workplace Forum(2023). Cultural context features in virtual meeting platforms. *Future of work review.*

Fashion Tech Innovation. (2024). Dynamic content localization in global retail. *International fashion business.*

Google Workspace Innovations(2024). AI-powered meeting facilitation tools. Digital collaboration technologies.

United Language Group(2018). High-context cultures vs. low-context cultures. Cross-Cultural business communication guide.

04
리더십과 의사 결정의 문화적 차원

글로벌 비즈니스 환경에서 리더십과 의사 결정은 문화적 맥락에 따라 크게 달라진다. 권력 거리, 합의 형성 방식, 피드백 선호도 등에 대한 문화적 기대의 차이는 리더의 효과성에 결정적 영향을 미친다. 생성형 AI는 이제 이러한 문화적 차이를 분석하고 상황에 맞는 리더십 접근법을 제안하는 능력을 갖추게 되었다.

AI와 사주?

문화에 따른 리더십 스타일과 AI 조언

글로벌 비즈니스 환경에서 효과적인 리더십은 문화적 맥락에 따라 크게 달라진다. 권력 거리, 의사 결정 방식, 피드백 선호도의 문화적 차이는 리더십 효과에 결정적 영향을 미친다. 생성형 AI는 이러한 문화적 차이를 인식하고 상황에 맞는 리더십 접근법을 제안함으로써 글로벌 리더들의 문화적 적응력을 강화하는 도구로 부상하고 있다.

각 문화권은 리더십에 대한 고유한 기대와 규범을 가지고 있다. 이는 권력 거리(Power Distance) 같은 문화적 차원에 크게 영향을 받는다. 높은 권력 거리 문화에서는 리더와 구성원 간의 위계적 관계가 강조되며, 리더의 권위가 자연스럽게 받아들여진다. 반면 낮은 권력 거리 문화에서는 더 수평적이고 참여적인 리더십 접근법이 선호된다.

실제 비즈니스 환경에서 이러한 차이는 의사 결정, 피드백, 갈등 해결 등 다양한 상황에서 나타난다. 말레이시아 같은 높은 권력 거리 문화에서는 리더가 명확한 지시를 내리고 최종 결정을 내리는 것이 일반적이다. 반면 네덜란드 같은 낮은 권력 거리 문화에서는 구성원들의 의견을 수렴하고 합의를 통해 결정을 내리는 방식이 더 효과적이다.

동아시아 지역 직원들은 리더가 명확한 방향을 제시하고 전문성을 보여 주는 것을 중요시하는 반면, 북유럽 직원들은 리더가 팀원의 의견을 존중하고 포용하는 능력을 더 높이 평가한다(Global Leadership Survey, 2023). 이러한 문화적 기대의 차이는 글로벌 리더들이 다양한 팀을 이끌 때 상당한 도전이 될 수 있다.

생성형 AI는 이제 문화적 차이를 인식하고 상황에 맞는 리더십 접근법을 제안할 수 있는 수준에 도달했다. 2023년 이후 개발된 AI 리더십 코칭 시스템은 특정 문화권의 리더십 기대와 규범에 관한 방대한 데이터를 학습해, 글로벌 리더들에게 맞춤형 조언을 제공한다.

AI로 설계된 '문화와 리더십 조언자(Cultural Leadership Advisor)'는 유럽 기업이 아시아 시장에 진출할 때 리더십 접근법을 조정하는 데 도움을 주었다. 이 AI 시스템은 "아시아 팀과의 첫 미팅에서는 팀원들에게 바로 의견을 물으며 토론을 시작하기보다, 먼저 당신의 비전과 전문성을 공유하는 시간을 갖는 것이 더 효과적"이라는 조언을 제공했다(Leadership AI Applications, 2024). 이러한 미묘한 조정이 팀의 신뢰와 존중을 얻는 데 결정적인 역할을 했다.

생성형 AI의 가장 혁신적인 활용 중 하나는 다양한 문화적 리더십 스타일의 강점을 결합한 '하이브리드 리더십 모델'을 개발하는 것이다. 이는 단순히 한 문화의 리더십 스타일을 다른 문화에 적용하는 것이 아니라, 각 문화의 장점을 취합해 새로운 접근법을 창출하는 것이다.

2024년 초 한 다국적 컨설팅 기업은 AI 기반 '글로벌 리더십 합성기'를 개발해 다양한 문화적 리더십 스타일의 강점을 분석하고 통합했다. 이 시스템은 유럽의 참여적 의사 결정, 미국의 결과 지향성, 일본의 장기적 비전, 라틴 아메리카의 관계 중심 접근법을 결합한 맞춤형 리더십 모델을 제안했다. 이러한 하이브리드 모델은 다국적 팀에서 특히 효과적이다. 다양한 문화적 배경을 가진 팀원들이 각자의 문화적 기대와 선호에 부합하는 리더십 요소를 경험할 수 있기 때문이다.

글로벌 리더들이 생성형 AI를 효과적인 리더십 도구로 활용하기 위해서는 체계적인 접근이 필요하다. 우선 리더는 자신의 리더십 스타일이 어떤 문화적 가정과 가치에 기반하고 있는지 이해해야 한다. 생성형 AI는 리더의 소통 방식, 의사 결정 패턴을 분석해 내재한 문화적 편향을 식별하는 데 도움을 준다.

생성형 AI는 글로벌 리더십의 문화적 복잡성을 이해

하고 관리하는 강력한 도구가 되고 있다. 이는 단순히 문화적 차이에 대한 정보를 제공하는 것을 넘어, 각 상황에 맞는 실행 가능한 리더십 전략을 제시함으로써 글로벌 리더들이 다양한 문화적 맥락에서 효과적으로 기능할 수 있도록 돕는다. 그러나 궁극적으로 문화적 지능과 적응력은 인간 리더의 고유한 능력으로, AI는 이를 보완하고 강화하는 역할을 한다.

다국적 팀의 의사 결정 프로세스와 AI 지원 시스템

다국적 팀의 의사 결정 과정에서 문화적 차이는 팀의 효율성과 성과에 직접적인 영향을 미친다. 생성형 AI는 이러한 문화적 복잡성을 관리하고 최적의 의사 결정 프로세스를 설계하는 데 도움을 주는 중재자이자 지식 확장 도구로 활용되고 있다. 하이브리드 의사 결정 모델, 문화적 편향 분석, 실시간 조정 가이드는 AI가 제공하는 핵심 기능이다.

의사 결정 방식은 문화에 따라 상당한 차이를 보인다. 문화 지도에서 "결정" 스케일은 이러한 차이를 '하향식'과 '합의적' 접근법의 스펙트럼으로 설명한다.

합의 중심 문화에서는 의사 결정이 광범위한 협의와

합의 구축 과정을 통해 이뤄진다. 북유럽 국가들에서는 주요 결정이 다양한 이해관계자들의 의견을 충분히 수렴한 후 이뤄진다. 따라서 결정이 공식적으로 발표될 때쯤이면 이미 대부분의 구성원이 동의한 상태이며, 이러한 과정은 시간이 걸리지만 일단 결정되면 실행은 빠르게 진행된다(Global Decision-Making Practices, 2023).

반면 미국이나 프랑스 같은 하향식 의사 결정 문화에서는 리더나 소수의 의사 결정자가 더 신속하게 결정을 내리는 경향이 있다. "미국에서는 의사 결정이 개인 리더에 의해 신속하게 이뤄질 수 있지만, 새로운 정보가 들어옴에 따라 실행 중에 자주 변경된다. 결정은 유연한 것으로 간주한다"(Comparative Management Studies, 2024).

이러한 문화적 차이는 다국적 팀 내에서 심각한 갈등과 오해를 초래할 수 있다. 합의 중심 문화 출신 팀원들은 하향식 의사 결정을 독단적이고 배타적으로 여길 수 있다. 반면 하향식 문화 출신 팀원들은 합의 구축 과정을 불필요하게 느리고 비효율적으로 인식할 수 있다.

생성형 AI는 이러한 문화적 차이를 해소하고 다국적 팀의 의사 결정 과정을 조율하는 데 독특한 가치를 제공한다. 2023년부터 여러 기업이 도입한 AI 기반 의사 결정 지원 시스템은 다음과 같은 방식으로 팀의 의사 결정을 개선하고 있다.

문화적으로 조화된 하이브리드 의사 결정 프로세스를 설계하는 데 AI가 활용된다. 독일 엔지니어링 회사와 이탈리아 디자인 회사 간의 합작 프로젝트에서, AI 시스템은 양국의 의사 결정 스타일을 분석하고 하이브리드 접근법을 제안했다. 독일 팀의 체계적 분석과 이탈리아 팀의 직관적 의사 결정 스타일을 통합한 2단계 프로세스를 개발함으로써 양측의 강점을 활용하는 방식이 채택되었다(European Business Collaboration, 2023).

생성형 AI는 다국적 팀의 의사 결정 과정에서 문화적 중재자이자 지식 확장 도구로서 중요한 역할을 한다. 그러나 이는 인간의 판단과 문화적 감수성을 대체하는 것이 아니라 보완하는 도구다. 가장 효과적인 접근법은 AI의 분석력과 인간의 공감 능력, 상황 이해력을 결합하는 것이다. 이러한 협력적 의사 결정 모델은 다양한 문화적 관점의 강점을 활용해 더 혁신적이고 지속 가능한 해결책을 도출할 수 있다.

리더를 위한 AI 문화 코칭

글로벌 리더십은 다양한 문화적 맥락에서 유연하게 소

통하고 의사 결정을 내릴 수 있는 능력을 요구한다. 생성형 AI는 맞춤형 시뮬레이션, 실시간 피드백, 지속적 코칭을 통해 이전에는 오랜 해외 경험이나 고비용 교육으로만 얻을 수 있었던 문화적 역량 개발을 가속한다.

생성형 AI는 리더가 계획 중인 커뮤니케이션이나 의사 결정에 대해 즉각적인 문화적 피드백을 제공한다. 같은 행동이라도 문화권에 따라 완전히 다르게 해석될 수 있기 때문에 이러한 사전 피드백은 매우 중요하다(Meyer, 2014).

다국적 팀 관리에서 한 문화권의 공개적 비판 방식이 다른 문화권에서는 체면 손상으로 인식되는 경우가 많다. AI 코칭은 이러한 잠재적 갈등을 예측하고 각 문화권에 적합한 소통 방식을 제안한다. 특정 표현이 너무 직접적인지, 어떤 간접적 표현이 더 적절할지에 대한 구체적인 조언이 가능하다.

AI는 리더의 커뮤니케이션 스타일을 분석해 특정 문화권에서 효과적으로 작동할 수 있도록 이메일, 프레젠테이션, 회의 안건 등을 문화적 관점에서 최적화할 수 있다.

그러나 AI 문화 코칭의 한계도 있다. AI는 데이터 기반 학습으로 인해 미묘한 문화적 뉘앙스나 최근 변화를 완전히 반영하지 못할 수 있다. 다양한 팀의 효과적인 협업을 위해서는 상호 이해가 필요한데, AI만으로는 이런 깊은 이해를 완전히 구축하기 어렵다(Rock & Grant, 2016).

가장 효과적인 방식은 AI를 사전 코치로 활용해 기본 지식을 얻고, 이를 바탕으로 인간 멘토와 더 깊이 있는 대화를 나누는 것이다. 생성형 AI는 글로벌 리더들에게 전례 없는 속도로 문화적 역량을 개발할 수 있는 접근성 높은 도구를 제공함으로써 보다 포용적인 글로벌 비즈니스 리더십 생태계 구축에 기여하고 있다.

참고문헌

Brett, Jeanne M. et al.(2006). Managing multicultural teams. *Harvard business review.*

Comparative Management Studies(2024). Decision-making styles across cultures. *International journal of management science.*

Cross-Cultural Executive Coaching(2023). AI-based leadership adaptation strategies. *International journal of leadership development.*

European Business Collaboration(2023). Case studies in cross-cultural project management. *Journal of international business partnerships.*

Global Decision-Making Practices(2023). Regional variations in

leadership expectations. *Microsoft research quarterly.*
Global Leadership Survey(2023). Regional variations in leadership expectations. *Microsoft research quarterly.*
Leadership AI Applications(2024). Case studies in AI-assisted global leadership. *Harvard business review digital.*
Leadership Communication Review(2024). Cultural sensitivity in feedback delivery. *Global management communication.*
Lee, Yih-Teen & Liao, Yuan(2015). Cultural competence: Why it matters. *IESE insight.*
Meyer, E.(2014). *The culture map: Breaking through the invisible boundaries of global business.* PublicAffairs. 박세연 옮김(2016). 『컬처 맵』. 열린책들.
Rock, D. & Grant, H.(2016). Why diverse teams are smarter. *Harvard business review.*

05
신뢰 구축과 관계 형성의 문화적 접근

글로벌 비즈니스에서 신뢰 구축 방식은 문화에 따라 다르다. 미국이나 독일 같은 과업 중심 문화는 성과와 능력으로, 중국이나 브라질 같은 관계 중심 문화는 개인적 유대와 연결을 통해 신뢰를 형성한다. 생성형 AI는 다양한 문화적 신뢰 패턴을 분석하고, 문화에 적합한 글로벌 네트워킹 전략을 제시하는 도구로 활용할 수 있다.

AI와 아이돌?

AI로 분석하는 신뢰의 문화적 차이

글로벌 비즈니스에서 신뢰는 성공의 기본 토대지만, '신뢰'가 의미하는 바는 문화에 따라 크게 다르다. 미국이나 독일에서는 상대방의 능력과 성실함이 신뢰의 주요 척도지만, 중국이나 브라질에서는 개인적 관계와 정서적 유대가 신뢰 형성의 기초가 된다. 이러한 차이는 과업 기반 신뢰와 관계 기반 신뢰로 개념화되었다(Meyer, 2014). 생성형 AI는 이러한 문화적 신뢰 패턴을 체계적으로 분석하고 최적의 전략을 제시하는 도구로 부상하고 있다.

과업 기반 신뢰는 비즈니스 관련 활동을 통해 구축되고, 업무 관계는 상황의 실용성에 기반해 쉽게 형성되고 해체된다. 미국, 독일, 호주 같은 문화권에서는 마감일 준수, 품질 좋은 결과물 같은 직업적 성과를 통해 신뢰가 형성된다. 동료들이 수년간 함께 일하면서도 서로의 개인 생활에 대해 거의 알지 못할 수 있지만, 서로의 능력과 직업윤리를 신뢰하는 것이다.

반면 관계 기반 신뢰는 식사, 저녁 음료, 방문을 통해 구축되고, 업무 관계는 장기간에 걸쳐 천천히 형성된다. 중국, 브라질, 인도 같은 문화권에서는 정서적 유대와 시간을 통해 신뢰가 구축된다. 비즈니스 파트너가 친구가 되거나 가족적 유대를 형성한 후에야 서로의 이익을 챙겨 줄 것이라고 편안하게 느낀다. 현지 음식 나누기, 선물 교환, 가족에 관해 물어보기, 공감 보여 주기 등의 활동이 중요한 신뢰 구축 과정이다.

이러한 차이는 실제 비즈니스 상황에서 분명하게 드러난다. 사우디아라비아에서 계약을 성사하려던 서구 소프트웨어 회사는 공식 프레젠테이션과 경쟁력 있는 가격만으로는 실패했다. 돌파구는 관계 구축에 시간을 투자했을 때 왔다. 그들은 공식 미팅뿐만 아니라 저녁 식사, 차 마시기, 고객사 CEO의 가족 행사에 참석하기 위해 여러 차례 방문했다(Thomas & Inkson, 2017). 이러한 과정에서 실제 비즈니스는 거의 논의되지 않았으나, 신뢰가 형성된 후 협상은 빠르게 진행되었다.

생성형 AI는 비즈니스 커뮤니케이션, 소셜 미디어 활동, 미팅 데이터 등을 분석해 특정 문화권이나 기업의 신뢰 구축 패턴을 파악할 수 있다. AI는 이메일 교환 패턴, 회의 구조, 협상 진행 방식 등을 분석해 신뢰 형성의 문화적 차이를 도출한다.

AI는 기업 간 실시간 커뮤니케이션을 분석해 신뢰 구축의 진행 상황을 모니터링하고 잠재적 문제를 식별할 수 있다. 예를 들어, 과업 중심 문화의 관리자가 관계 중심 문화의 파트너와 소통할 때, AI는 이메일이나 회의 대화를 분석해 커뮤니케이션 스타일의 불일치를 감지할 수 있다.

신뢰 형성의 문화적 차이를 이해하고 관리하는 것은 글로벌 비즈니스 성공의 필수 요소다. 생성형 AI는 문화적 패턴을 정확하게 분석하고, 신뢰 구축 전략을 맞춤화하며, 디지털 환경에서도 문화적으로 적절한 신뢰 관계를 유지하는 데 도움을 준다. 그러나 최종적으로 신뢰는 인간 간의 관계에 뿌리를 두고 있으며, AI는 도구일 뿐 진정한 신뢰 구축은 여전히 문화적 감수성과 진정성을 갖춘 인간의 노력에 달려 있다.

가상 환경에서의 문화 간 신뢰 구축

가상 협업은 글로벌 비즈니스의 표준이 되었지만, 화면을 통해 다양한 문화적 배경을 가진 사람들과 신뢰를 구축하는 것은 대면 상호작용보다 훨씬 복잡하다. 특히 관계 중심 문화에서는 직접적인 인간 접촉 없이 깊은 신뢰를 형성하기 어렵다. 생성형 AI는 이러한 문화적 격차를 좁히고 가상 환경에서도 견고한 신뢰 관계를 구축할 수 있는 혁신적인 방법을 제공한다.

가상 팀에서 문화 간 신뢰 구축이 어려운 이유는 "직

접적 vs 간접적 의사소통", "언어와 유창성 문제", "위계에 대한 다른 태도", "의사 결정 규범의 충돌" 같은 주요 갈등 요소와 연관된다(Brett et al., 2006). 물리적 거리는 이러한 차이를 완화할 수 있는 비공식적 상호작용의 기회를 줄이고, 비언어적 소통 요소가 제한된다.

생성형 AI는 가상 환경의 신뢰 구축 장벽을 극복하는 데 다양한 방식으로 활용된다. AI는 이메일이나 메시지 초안을 분석해 수신자의 문화적 배경에 맞게 톤과 내용을 조정하도록 제안할 수 있다. "이 메시지는 특정 문화권 동료에게 너무 직접적으로 들릴 수 있습니다" 같은 AI 조언은 문화적 실수를 방지하고 신뢰를 강화한다.

AI 도구를 활용한 가상 팀의 상호작용 분석은 가상 팀의 포용성과 효과성을 크게 향상할 수 있다. AI가 감지한 참여 패턴, 발언 시간 분배, 의사 결정 과정에서의 영향력 등에 대한 데이터는 팀 리더가 더 포용적인 가상 환경을 조성하는 데 귀중한 정보가 된다.

가상 환경에서의 문화 간 신뢰 구축은 기술과 인간적 요소의 균형이 필요하다. AI 도구는 문화적 이해를 돕고, 소통을 원활하게 하며, 관계 구축을 촉진할 수 있다. 그러나 궁극적으로 신뢰는 진정성 있는 인간 상호작용을 기반으로 한다. 가장 효과적인 접근법은 AI의 지원을 받

되, 다양한 문화적 관점을 인식하고 존중하는 인간 중심의 태도를 유지하는 것이다.

AI 기반 글로벌 네트워킹 전략

글로벌 비즈니스의 성공에서 다양한 지역과 산업에 걸친 탄탄한 전문가 네트워크는 핵심 자산이다. 생성형 AI는 언어 장벽, 문화적 차이, 시차, 물리적 거리 같은 글로벌 네트워킹의 장애물을 극복하고 문화적으로 민감한 네트워킹 전략을 구현하는 데 혁신적인 도구로 부상하고 있다.

효과적인 글로벌 네트워킹의 첫 단계는 각 문화권에서 가치 있는 연결 기회를 식별하는 것이다. 생성형 AI는 방대한 데이터를 분석해 각 지역과 산업에 맞는 네트워킹 기회를 발견하고, 문화적 특성에 맞춘 접근법을 추천할 수 있다.

문화 차원 이론에 기반한 AI 분석은 네트워킹 전략을 문화적 맥락에 맞게 조정하는 데 도움이 된다. 높은 권력 거리를 가진 국가에서는 조직 내 위계를 고려한 네트워킹이 중요하지만, 권력 거리가 낮은 곳에서는 평등주의적 접근법이 더 효과적이다. "세계 각 지역의 주요 산업 콘퍼런스와 각 지역의 네트워킹 문화에 맞는 접근 방식"

을 요청하면, AI는 지역별 비즈니스 문화에 맞는 맞춤형 전략을 제공할 수 있다.

문화적 지능은 상황과 맥락에 따라 적응하는 능력을 포함한다(Thomas & Inkson, 2017). AI는 산업별 문화적 뉘앙스도 파악해 동일 국가 내에서도 산업에 따라 달라지는 네트워킹 문화에 대한 통찰력을 제공한다. 금융업과 창조적 산업은 같은 국가 내에서도 서로 다른 네트워킹 규범을 가질 수 있으며, AI는 이러한 미묘한 차이를 반영한 전략을 제안할 수 있다.

글로벌 네트워크의 가치를 극대화하기 위해서는 단순한 연락처 수집을 넘어 네트워크의 질과 다양성을 관리해야 한다. AI 기반 네트워크 분석 도구는 기존 연락처 데이터, 이메일 교환, 회의 기록 등을 분석해 네트워크의 구조와 특성을 시각화할 수 있다. 이를 통해 산업별, 지역별 커버리지의 강점과 약점을 파악하고, 전략적으로 보완해야 할 영역을 식별할 수 있다.

다양한 관점과 배경을 가진 네트워크는 창의적 사고와 혁신을 촉진한다(Google Project Aristotle, 2017). AI는 네트워크의 다양성을 평가하고, 균형 잡힌 글로벌 네트워크를 구축하기 위한 전략적 제안을 제공할 수 있다.

생성형 AI의 지원으로 언어적, 문화적 장벽을 넘어 의미 있는 국제적 관계를 구축하고 유지하는 것이 그 어느 때보다 접근 가능해졌다. 그러나 AI의 이러한 지원은 인간의 진정성과 문화적 감수성을 대체하는 것이 아니라, 보완하고 강화하는 역할임을 기억해야 한다.

참고문헌

Brett, J. M. et al.(2006). Managing multicultural teams. *Harvard business review.*

Google Project Aristotle(2017). Research on psychological safety in teams.

Rock, D. & Grant, H.(2016). Why diverse teams are smarter. *Harvard business review.*

Thomas, David C. & Inkson, Kerr C.(2017). *Cultural intelligence: Surviving and thriving in the global village.* Berrett-Koehler Publishers.

06
협상과 계약의 문화적 뉘앙스

글로벌 비즈니스 협상에서 의사소통 방식, 설득 전략, 의사 결정 과정의 문화적 차이는 협상 결과를 크게 좌우한다. 생성형 AI는 이러한 문화적 차이를 분석하고 다양한 협상 시나리오를 시뮬레이션하며, 계약 검토 과정에서 문화적 위험 요소를 식별하고, 갈등 발생 시 문화적으로 적절한 중재 전략을 제시하는 강력한 도구로서 활용 가능하다.

AI와 야구?

협상 스타일의 문화적 스펙트럼

협상 테이블에서는 단순히 제품, 서비스, 조건만이 아니라 서로 다른 문화적 접근 방식도 만난다. 생성형 AI의 발전으로 기업들은 다양한 문화권의 협상 스타일을 분석하고, 실제 협상 전에 시나리오를 시뮬레이션하며, 통합적 협상 전략을 개발할 수 있게 되었다. 이는 문화적 장벽을 넘어 상호 이익이 되는 협상 결과를 도출하는 새로운 가능성을 열고 있다.

협상 스타일은 문화에 따라 크게 달라진다. 컬처 맵 프레임워크는 이러한 차이를 이해하는 유용한 도구를 제공한다(Meyer, 2014). 특히 "의사소통", "평가", "설득", "의사 결정" 척도는 협상 스타일의 문화적 차이를 설명하는 데 직접적으로 관련된다.

의사소통 척도에서 고맥락(동아시아 등)과 저맥락(미국, 독일 등) 문화 간의 차이는 협상에서 극명하게 드러난다. "앵글로-더치 번역 가이드"의 예시를 보면, "모든 존중을 담아… 당신이 틀렸다고 생각합니다"라는 표현은 영국인에게는 정중한 의견 불일치 표현이지만, 네덜란드인은 이를 문자 그대로 해석해 불일치 자체를 놓칠 수 있다(Meyer, 2014).

협상 스타일은 네 가지 주요 문화적 갈등 요소와도 연

결된다. 직접적 vs 간접적 의사소통, 언어와 유창성 문제, 위계에 대한 다른 태도, 의사 결정 규범의 충돌(Brett, Behfar, & Kern, 2006). 이러한 요소들이 협상 테이블에서 충돌할 때, 상호 이해가 없다면 오해와 좌절로 이어질 수 있다.

생성형 AI는 다양한 문화적 협상 스타일을 분석하고 예측하는 강력한 도구가 되었다. AI는 각 문화권의 일반적인 협상 패턴, 선호하는 의사소통 방식, 그리고 의사결정 접근법에 대한 방대한 데이터를 처리할 수 있다.

AI의 가장 혁신적인 활용 중 하나는 실제 협상 전에 다양한 문화적 시나리오를 시뮬레이션할 수 있는 능력이다. 협상가는 AI와 특정 문화권의 상대방 역할을 맡아 가상 협상을 진행함으로써, 실제 상황에서 발생할 수 있는 문화적 오해와 장애물을 미리 경험하고 준비할 수 있다.

생성형 AI는 제로섬 관점(한쪽의 이익은 다른 쪽의 손실)을 넘어, 양측 모두에게 이익이 되는 통합적 협상 해결책을 찾는 데 특히 유용하다. AI는 복수의 변수와 문화적 선호도를 동시에 고려해 최적의 해결책을 제시할 수 있다.

공급망 협상에서 AI는 가격, 납기, 품질 등 여러 요소에 가치 점수를 부여해 전체 최적 해법을 찾도록 활용될 수 있다(EY, 2024). 실제로 한 대형 소매 유통사는 AI 협상 챗봇을 도입해 수천 개에 달하는 소규모 공급업체들과 계약 조건을 재협상했다. 이 기업은 AI 협상 설루션(solution)을 통해 협상 대상 거래의 68%에서 조건을 개선해 평균 3%의 비용 절감과 평균 35일의 지급 기일 연장을 확보했다.

이 AI 챗봇은 "총가치 함수"라는 개념을 활용했다. 이는 가격뿐 아니라 납품 기일, 최소 주문량, 품질 기준, 향후 거래 기회 등 양측 모두에게 중요한 여러 가치 요소를 계산에 넣어 최적의 교집합을 찾아내는 알고리즘이다. 예를 들어, AI는 "구매사가 지급 기일을 단축해 주면, 공급사는 단가를 인하할 수 있다"는 식의 상호 양보안을 제시한다.

AI 기반 계약 문화 차이 해소

글로벌 비즈니스에서 계약은 단순한 법적 문서가 아니라 다양한 문화적 가치관과 비즈니스 규범이 반영된 결과물이다. 계약이 어떻게 이해되고, 작성되며, 존중되는지는 국가와 법적 전통에 따라 크게 다르다. 생성형 AI는 이러한 문화적 차이를 이해하고 관리하는 도구를 제공하며, 다양한 문화적 맥락에서 효과적인 계약 관계를 구축할 수 있도록 지원한다.

계약 문화는 국가와 지역에 따라 상당히 다른 양상을 보인다. 일부 문화권에서는 계약을 세부 조항이 엄격히 준수되어야 하는 철저한 법적 의무로 간주하는 반면, 다른 문화권에서는 계약을 관계의 시작으로 보고 상황 변화에 따라 조정될 수 있는 유연한 프레임워크로 접근한다. 이러한 차이는 문화 차원 중 "불확실성 회피(Uncertainty Avoidance)"와 밀접한 관련이 있다(Hofstede, 1980). 불확실성 회피 성향이 강한 문화권(독일, 스위스 등)에서는 매우 상세하고 명확한 계약을 선호하는 경향이 있다. 반면 불확실성 회피 성향이 약한 문화권(영국, 싱가포르 등)에서는 더 유연하고 덜 상세한 계약 접근법을 취할 수 있다.

생성형 AI는 각 문화권의 계약 관행과 기대에 대한 분석을 제공함으로써 이러한 차이를 관리하는 데 도움을 준다. AI는 다양한 국가와 산업의 계약 패턴을 분석해 문화적 뉘앙스와 잠재적 위험 영역을 식별할 수 있다.

글로벌 비즈니스에서 계약 체결은 필수적이지만, 각 국가의 법률과 언어가 달라 계약서 작성과 검토에는 많은 시간과 전문성이 요구된다. 2024년 기준으로 이미 많은 법률팀이 계약 실적을 개선하고 리스크를 줄이기 위해 AI 기술을 활용하기 시작했다(Bloomberg Law, 2024). 미국의 한 다국적 기업 법무 팀은 과거 수작업으로 며칠씩 걸리던 공급 계약 검토를 AI 도구로 몇 시간만에 끝낼 수 있게 되었다.

AI 기반 계약 자동화 도구는 계약의 작성부터 검토, 협상, 이행까지 계약 전 과정을 지원한다. 이러한 도구는 기존 템플릿과 조항 라이브러리를 활용해 특정 거래에 맞는 초안을 자동으로 생성하고, 다양한 언어로 작성된 계약을 분석하며, 법적 및 비즈니스 리스크를 식별한다. 각 문화권의 기대에 맞게 계약 조항을 최적화하는 기능도 제공한다.

효과적인 글로벌 계약 관리는 법적 전문성뿐만 아니라 문화적 지능도 요구한다. 계약 관리 라이프사이클 전반에 걸쳐 AI는 문화적으로 적절한 상기 알림, 소통 제안, 그리고 이행 전략을 제공할 수 있다. AI 시스템은 계약 당사자들의 문화적 배경을 고려해, 관계 중심 문화권의 파트너에게는 더 빈번한 관계 구축 소통을 제안하고, 과업 중심 문화권의 파트너에게는 성과 중심 업데이트를 권장할 수 있다.

갈등 해결을 위한 AI 중재 프레임워크

글로벌 비즈니스 환경에서 문화적 차이로 인한 갈등은 피할 수 없지만, 효과적으로 관리하면 더 깊은 이해와 혁신의 원천이 될 수 있다. 생성형 AI는 문화적 갈등의 근본 원인을 분석하고 맞춤형 중재 전략을 제시함으로써 글로벌 팀의 갈등 예방과 해결에 새로운 가능성을 제공한다.

문화적 갈등 해결의 첫 단계는 갈등이 심화하기 전에 예방하거나 조기에 감지하는 것이다. AI는 조직 내 커뮤니케이션 데이터를 분석해 갈등 징후를 조기에 발견하는 데 활용될 수 있다(SwissCognitive, 2024). 예를 들어, 사내 메신저나 이메일에서 부정적인 감정 표현이 급증하거나 특정 팀 간 대화량이 현저히 줄어드는 패턴이 감지되면 AI는 이를 이상 신호로 인식할 수 있다.

글로벌 기업에서 발생하는 직장 갈등의 39%가 서로 다른 의사소통 방식의 차이에서 기인한다(SwissCognitive, 2024). 이를 해결하기 위해 일부 기업은 AI 기반 실시간 번역 채팅봇을 도입했다. 이 도구는 언어 장벽을 해소할 뿐만 아니라, 문화적 맥락이 다른 표현에 대해 부연 설명을 제공함으로써 의도하지 않은 오해를 예방할 수 있다.

생성형 AI는 갈등이 발생했을 때 문화적으로 적절한 중재 프레임워크를 제공할 수 있다. AI는 갈등 상황을 분석해 문화적 차이에서 비롯된 요소를 식별하고, 진단 결과를 바탕으로 해당 문화권에 적합한 갈등 해결 접근법을 제안한다. 또 각 당사자의 관점을 다른 문화적 맥락으로 번역하는 역할도 수행한다. 예를 들어, "A 측의 이 진술은 그들의 문화에서는 존중을 표현하는 방식이지만, B 측의 문화에서는 회피로 해석될 수 있습니다"와 같은 설명을 제공할 수 있다.

참고문헌

Bloomberg Law(2024). Can AI write legal contracts?

Brett, J. M. et al.(2006). Managing multicultural teams. *Harvard business review.*

EY(2024). Getting recession ready: How AI chat negotiations are helping companies to improve working capital and reduce costs.

Hofstede, G.(1980). *Culture's consequences: International differences in work-related values.* Sage Publications.

IBM internal case study(2018). Global sales team facilitation (composite scenario drawn from training materials).

iBridge LLC(2024). AI-powered mediation for improved legal dispute resolution.

Meyer, E.(2014). *The culture map: Breaking through the invisible boundaries of global business*. PublicAffairs. 박세연 옮김(2016). 『컬처 맵』. 열린책들.

Rock, D. & Grant, H.(2016). Why diverse teams are smarter. *Harvard business review*.

SwissCognitive(2024). How AI can improve conflict resolution in the workplace. AI ventures, advisory & research.

07
글로벌 마케팅과 소비자 행동 이해

글로벌 마케팅에서 문화적 차이는 소비자 구매 결정과 브랜드 인식에 큰 영향을 미친다. 생성형 AI는 이러한 문화적 차이를 분석하고 시장별 맞춤 전략을 개발하는 혁신적 도구다. 실시간 소비자 인사이트로 문화적 선호도를 파악하고, 현지 문화에 맞게 콘텐츠를 재창조하며, 마케팅 캠페인의 문화적 리스크를 사전 평가해 글로벌 브랜드의 효과적 소통을 지원한다.

AI와 윤동주?

소비자 선호도 분석과 AI 인사이트

글로벌 시장에서 문화적 가치관, 사회적 규범, 역사적 맥락은 소비자의 구매 결정, 브랜드 인식, 마케팅 메시지에 대한 반응에 지대한 영향을 미친다. 생성형 AI는 방대한 데이터에서 문화적 패턴을 빠르게 분석하고, 소비자 행동과 문화적 가치 간의 상관관계를 파악하며, 문화적 특성에 기반한 정교한 소비자 세분화를 가능하게 한다.

생성형 AI는 전 세계 소비자들의 목소리를 실시간으로 포착하고 분석할 수 있게 해 주었다. 구글, 세일즈포스 등의 기업이 제공하는 AI 도구는 소셜 미디어, 리뷰, 포럼 등의 방대한 데이터를 실시간으로 크롤링해 브랜드나 제품에 대한 여론을 파악하고 감성 지수를 산출해 낸다(Business Wire, 2024).

글로벌 패션 브랜드의 마케팅 팀은 AI 기반 소셜 리스닝 툴을 활용해 신제품 출시 직후 소셜 미디어에서 소비자 언급을 수집·분석한다. 몇 시간 만에 "제품 디자인은 좋지만, 가격이 높다"는 불만이 다수 언급되는 것을 확인하고, 곧바로 할인 프로모션을 검토하는 식이다. 이러한 즉각적인 피드백 루프는 기업이 시장 반응에 신속하게 대응하고 전략을 조정할 수 있게 해준다.

더욱 중요한 것은 AI가 이러한 데이터를 문화적 맥락

에서 분석할 수 있다는 점이다. 동일한 제품이라도 각 문화권에서 무엇이 다르게 인식되고 논의되는지를 AI는 패턴으로 감지한다. 이러한 실시간 여론 모니터링을 가능케 하는 AI 설루션들이 마케터들의 민첩성을 크게 향상해, 캠페인 중간에도 전략을 조정할 수 있게 해 준다 (Business Wire, 2024).

자동차 제조업체는 AI를 사용해 각 시장의 소비자 리뷰, 포럼 게시물, 딜러 피드백 등을 분석함으로써 지역별 선호 기능과 디자인 요소를 식별할 수 있다. 이를 통해 기업은 각 시장의 문화적 선호도를 반영한 제품 변형을 개발하거나, 모든 문화권에서 보편적으로 호소력 있는 글로벌 제품을 만들 수 있다.

AI는 문화적 맥락에서 제품 수용성을 예측하는 데도 도움을 준다. 음식 제품의 경우, AI는 각 지역의 식문화와 종교적 제약, 그리고 맛 선호도를 분석해 현지 시장에서의 잠재적 성공 가능성을 평가할 수 있다. 이는 시장 진입 전략을 수립하고 제품을 최적화하는 데 귀중한 정보를 제공한다.

문화적 소비자 분석에 AI를 활용할 때는 몇 가지 중요한 윤리적 고려 사항이 있다. AI 모델은 학습 데이터에 내재된 문화적 편향이 반영될 수 있다. 서구 중심의 데이터로 훈련된 AI는 다른 문화권의 소비자 행동을 정확히 이해하지 못할 수 있다. 이러한 잠재적 편향을 극복하기 위해, 기업은 다양한 문화적 관점을 대표하는 데이터로 AI를 훈련하고, 결과를 지속적으로 검증해야 한다.

AI 기반 현지화 마케팅 콘텐츠 제작

글로벌 마케팅의 성공은 단순한 언어 번역을 넘어 문화적 정서와 관습에 맞게 메시지를 적응시키는 현지화에 달려 있다. 최신 대규모 언어 모델과 신경망 기계 번역 기술의 발전으로 생성형 AI는 인간에 버금가는 수준으로 다국어 콘텐츠를 생성하고 문화적 뉘앙스를 고려하는 능력을 갖추게 되었다(Intentful AI, 2024).

트랜스크리에이션은 단순 번역을 넘어 콘텐츠의 의도, 스타일, 정서적 호소력을 다른 문화적 맥락에서 재창조하는 과정이다. 생성형 AI는 원본 광고 문구를 목표 언어로 번역하는 동시에 현지 소비자에게 익숙한 어휘와 표현으로 재창조된 카피를 생성한다. 영어 슬로건의 직역이 어색할 경우, AI는 그 의미를 분석해 현지의 관용구나 문화적 참고 자료를 활용해 적절한 문구를 제안한다(Intentful AI, 2024).

문화적 트랜스크리에이션의 중요성은 HSBC의

'Assume Nothing' 캠페인 실패 사례에서 분명히 드러난다. 2009년 HSBC는 이 영어 슬로건을 글자 그대로 여러 외국어로 번역했는데, 많은 언어에서 "Do Nothing(아무것도 하지 마세요)"으로 해석되어 천만 달러를 들여 글로벌 리브랜딩을 해야 했다(BusinessNewsDaily, 2013). 오늘날의 생성형 AI는 이런 종류의 문화적 오해를 사전에 감지하고 방지하는 능력을 갖추고 있다.

신경망 기계 번역의 발전으로 한국어의 존댓말과 반말 구분, 프랑스어의 성별 일치, 스페인어의 지역적 표현 차이와 같은 언어적 복잡성을 AI가 더 잘 이해하고 처리할 수 있게 되었다. 그러나 AI 번역의 품질을 보장하기 위해서는 "백트랜스레이션(back-translation)" 같은 검증 기법이 중요하다. 이는 번역된 텍스트를 다시 원어로 번역해 의미가 보존되었는지 확인하는 방법이다. 생성형 AI는 이러한 검증 과정을 자동화하고, 불일치가 발견되면 대안을 제안할 수 있다.

효과적인 현지화는 텍스트를 넘어 시각적 요소에도 적용되어야 한다. 색상, 이미지, 레이아웃에 대한 문화적 반응은 지역마다 크게 다를 수 있다. 생성형 AI는 특정 시장의 미적 감각과 트렌드에 맞게 시각 자료를 최적화하고, 문화적으로 부적절한 요소를 식별하는 데 도움을 준다. 한 글로벌 음료 회사는 새로운 광고 영상의 여러 국가 버전을 제작하면서 AI 분석을 통해 중동 버전에서 오해를 살 수 있는 특정 손짓 장면을 식별하고 수정했다(Intentful AI, 2024).

생성형 AI의 큰 이점 중 하나는 현지화 워크플로의 자동화와 효율화다. 한 글로벌 소매업체는 AI 현지화 플랫폼 도입 후 15개 언어로 된 콘텐츠 생성 시간을 90% 줄이고, 비용을 70% 절감했다. 그러나 AI가 인간 창의성과 문화적 전문성을 완전히 대체할 수는 없다. 가장 효과적인 접근법은 AI와 인간 전문가의 협력으로, AI가 초기 번역과 적응을 처리하고, 인간은 미묘한 문화적 뉘앙스를 확인하고 최종 콘텐츠를 정제하는 것이다. 문화적으로 지능적인 AI 프롬프트를 사용하면 AI가 생성하는 콘텐츠의 문화적 관련성을 크게 향상할 수 있다(Livermore & Adams, 2025).

AI 기반 마케팅 리스크 평가

글로벌 마케팅에서 문화적 실수는 브랜드 평판을 훼손하고 막대한 재정적 손실을 초래할 수 있다. 과거 수많은 대기업이 현지 문화에 대한 이해 부족으로 심각한 실패를 경험했다. 오늘날 생성형 AI는 마케팅 캠페인을 출시하기 전에 문화적 리스크를 식별하고 완화하는 강력한 도구로 활용되고 있다. AI는 문화적 오해를 방지하고, 브랜드 안전성을 보장하며, 글로벌 캠페인의 성공 가능성을 높이는 데 기여한다.

기업들의 글로벌 마케팅 실패 사례는 문화적 리스크 평가의 중요성을 잘 보여 준다. 케이에프씨(KFC)의 중국 진출 사례는 주목할 만하다. 1987년 KFC가 베이징에 매장을 열었을 때, 그들의 유명한 슬로건 "Finger-lickin' good"이 중국어로 "손가락을 잘라 드세요"로 번역되는 실수를 범했다. 이 유머러스한 실수가 KFC의 성공을 완전히 막지는 않았지만, 현지화의 중요한 교훈을 남겼다 (Business News Daily, 2013).

오늘날 기업들은 이러한 상황에서 생성형 AI를 활용해 단순 번역을 넘어 슬로건이 어떻게 받아들여질지 평가할 수 있다. AI 감성 분석을 통해 현지 소셜 미디어에서 특정 표현이 어떻게 해석될지 미리 확인하거나, 생성형 AI에게 특정 표현의 현지 해석 가능성을 물어 잠재적 문제를 식별할 수 있다. AI는 "첫 번째 필터" 역할을 해 저비용으로 번역과 현지 반응을 테스트하고, 문제가 확대되기 전에 포착할 수 있다.

생성형 AI는 마케팅 캠페인의 문화적 적절성을 평가

하기 위해 정교한 다문화 감수성 분석을 수행할 수 있다. 텍스트, 이미지, 비디오, 음성 등 다양한 콘텐츠 형식이 분석되어 여러 문화권에서 어떻게 인식될지 예측한다. 새로운 마케팅 캠페인을 평가할 때, AI는 언어적 요소(슬로건, 제품명, 카피가 다른 언어로 번역될 때의 함의), 시각적 요소(색상, 이미지, 제스처, 심벌의 문화적 해석), 문화적 참조, 사회적 규범, 종교적 민감성 등을 종합적으로 분석한다.

분석 후, AI는 다양한 문화권에 대한 리스크 스코어(risk score)를 산출해 잠재적 문제가 있는 부분을 강조 표시한다. 특정 광고 콘셉트가 북미에서는 낮은 리스크 점수를 받지만, 중동이나 동아시아 시장에서는 높은 리스크 점수를 받을 수 있다는 정보를 제공함으로써 사전에 문제를 예방할 수 있다.

참고문헌

Agility PR Solutions(2024). 8 ways PR pros can leverage generative AI for crisis communication.

BusinessNewsDaily(2013). 13 international marketing mistakes: KFC China slogan translation example.

Business Wire(2024). Artificial intelligence(AI) in marketing global strategic business research report 2024-2030: Market to surpass $220 billion – Growing demand for personalized customer experiences.

Intentful AI(2024). The use of AI for content localization and transcreation for global brands.

Livermore, D. & Adams, O.(2025). How to write culturally intelligent AI prompts. DavidLivermore.com.

08
AI 프롬프트 설계의 문화적 지능

생성형 AI는 서구적 커뮤니케이션 스타일을 기본 값으로 출력하는 경향이 있어, 글로벌 비즈니스 활용 시 문화적 맥락을 명시적으로 제공해야 한다. 효과적인 문화적 프롬프트는 호프스테더와 마이어의 문화 차원을 활용하고, 각 문화권 특성을 반영하며 지속적으로 개선해야 한다. 문화적 다양성을 고려한 거버넌스, 맥락화된 투명성, 편향 모니터링은 글로벌 AI 윤리 실천의 핵심 요소다.

AI와 한의학?

문화적 맥락을 고려한 효과적인 프롬프트 작성법

AI와의 상호작용에서 프롬프트(prompt)는 원하는 결과를 얻기 위한 핵심 요소다. 프롬프트는 단순한 질문이나 명령이 아니라, AI의 방향을 설정하는 일종의 프로그래밍이다. 특히 글로벌 비즈니스 맥락에서는 문화적 차이를 고려한 프롬프트 설계가 AI의 출력 품질을 결정짓는 중요한 요소가 된다.

AI 모델은 훈련 데이터에 내재한 지배적인 문화적 경향, 특히 서구적 커뮤니케이션 스타일을 기본 값으로 출력하는 경우가 많다. 그 결과, 아무런 지시 없이 AI에 작업을 맡기면 보편적으로 통용되는 서구식 톤으로 응답할 가능성이 크다. "AI가 제공하는 속도와 효율성은 문화적 차이를 간과하게 만들 수 있다"는 경고와 함께, 문화적으로 지능적인 프롬프트의 필요성이 강조되고 있다(Livermore & Adams, 2025).

문화적 맥락을 고려한 프롬프트 작성의 기본 원칙으로는 먼저 명시적인 문화적 맥락 제공이 중요하다. AI에게 "일본 비즈니스 맥락에서…", "브라질 소비자를 대상으로…" 등의 방식으로 문화적 맥락을 명확히 알려 주어야 한다. 또 관련된 문화적 가치나 규범을 명시적으로 언급하고, 문화적 고정 관념을 피하도록 지시하며, 목표 문화권에 적합한 공식성 수준과 어조를 지정하는 것이 효과적이다. “중국의 체면 문화를 고려해…”, “브라질 소비자에게 친근하고 열정적인 톤으로…” 등의 표현을 포함하면 AI가 생성하는 콘텐츠의 문화적 적절성이 크게 향상된다.

문화 차원 프레임워크는 문화적으로 효과적인 프롬프트를 설계하는 데 유용한 지침을 제공한다. 권력 거리가 높은 말레이시아를 대상으로 할 때는 “수직적 계층 구조를 존중하는 방식으로 고위 경영진을 위한 프레젠테이션을 작성해 주세요” 같은 프롬프트가 효과적이다. 집단주의 문화인 일본을 대상으로는 “팀워크와 조직의 성공을 강조하는 직원 동기 부여 메시지를 작성해 주세요” 같은 방식을 사용할 수 있다.

국제 협상 준비를 위한 프롬프트로는 “한국의 관계 중심적 접근법과 미국의 직접적인 협상 스타일의 차이를 고려한 효과적인 협상 전략”을 요청할 수 있다. 다국적 팀 관리를 위해서는 “독일, 인도, 브라질 팀원들의 다른 의사소통 스타일과 업무 접근법을 고려한 팀 규범 설정 방법”을 요청하는 프롬프트가 유용하다. 마케팅 메시지 현지화를 위해서는 “일본의 고맥락 문화와 집단주의적 가치를 고려해 미국 마케팅 메시지를 재구성"하도록 지시할 수 있다.

문화별 맞춤형 프롬프트 전략과 사례

글로벌 비즈니스에서는 다양한 문화권과의 상호작용이 불가피하며, 문화권마다 고유한 커뮤니케이션 스타일과 비즈니스 관행을 가지고 있다. 생성형 AI를 효과적으로 활용하기 위해서는 이러한 문화적 차이를 프롬프트에 반영하는 전략이 필요하다. 이 섹션에서는 주요 문화권별 맞춤형 프롬프트 전략과 실제 사례를 통해, 다양한 문화적 맥락에서 AI를 최적으로 활용하는 방법을 탐구한다.

동아시아 문화권(한국, 일본, 중국 등)은 일반적으로 간접적 의사소통, 집단주의적 사고방식, 그리고 위계질서를 중시하는 특징을 가진다. 이 지역에서는 신뢰 구축이 단순한 계약 체결이 아니라, 반복적인 만남과 장기적인 관계 형성을 통해 이뤄진다. 이에 따라 AI를 활용한 비즈니스 커뮤니케이션에서도 공식적인 인사 표현, 정중한 어조, 그리고 관계 구축을 강조하는 프롬프트가 필요하다. 예를 들어, "일본의 장기적 협력 문화를 반영해, 신규 비즈니스 파트너에게 보내는 첫 이메일을 정중하고 신뢰를 쌓을 수 있는 방식으로 작성해 주세요" 같은 접근이 효과적이다.

반면, 서유럽과 북미 문화권은 더욱 직접적인 의사소통을 선호하며, 개인주의적 사고방식과 논리적 설득을 기반으로 한 커뮤니케이션이 일반적이다. 이러한 문화적 차이는 AI 기반 비즈니스 프롬프트 설계에도 반영되어야 한다. 예를 들어, "미국 시장을 대상으로 한 제안서를 작성할 때, 핵심 가치와 차별점을 명확하게 전달하고, 구체적인 데이터와 사례를 활용해 설득력을 높여 주세요" 같은 지침이 효과적이다. 이러한 방식은 AI가 생성하는 콘텐츠가 해당 문화권의 기대와 커뮤니케이션 스타일에 부합하도록 돕는다.

중동과 북아프리카(MENA) 지역의 문화는 관계 중심적이며, 종교적 가치가 비즈니스 관행에 큰 영향을 미친다. 이 지역에서는 비즈니스에 앞서 관계 구축에 상당한 시간을 투자하는 것의 중요성이 강조된다(Thomas & Inkson, 2017). 이를 반영한 프롬프트로 "사우디아라비아의 관계 중심적 비즈니스 문화를 고려해, 현지 비즈니스 파트너와 신뢰를 구축하기 위한 전략을 제안해 주세요. 이슬람 문화에 대한 존중을 보여 주는 방법과 장기적 관계 구축에 중점을 두는 접근법을 설명해 주세요" 같은 방식이 효과적이다.

라틴 아메리카 문화권은 개인적 연결과 감정적 표현, 시간에 대한 유연한 태도를 특징으로 한다. 브라질 고객을 위한 마케팅 메시지는 "브라질의 관계 중심적이고 표현적인 문화를 고려해, 감정적 연결을 강조하고, 따뜻하고 친근한 톤을 사용하며, 제품이 가족과 공동체에 가져올 혜택을 강조해 주세요" 같은 프롬프트를 통해 더 효과적으로 작성할 수 있다.

남아시아와 동남아시아는 위계적 구조, 관계 중심적 접근, 간접적 의사소통을 특징으로 한다. 이 지역의 여러 국가는 권력 거리 차원에서 높은 점수를 보인다(Hofstede, 1980). 태국 파트너와의 효과적인 피드백을 위한 프롬프트는 "태국의 '체면' 개념과 간접적 의사소통 스타일을 고려해, 현지 파트너에게 프로젝트 개선점에 대한 피드백을 제공하는 방법을 제안해 주세요. 직접적인 비판을 피하면서도 필요한 변화를 효과적으로 전달하는 접근법을 포함해 주세요"와 같이 구성할 수 있다.

글로벌 비즈니스에서는 순수한 단일 문화적 맥락보다는 문화적 혼합 상황이 더 일반적이다. 주요 문화적 갈등 영역(의사소통 방식, 언어 유창성, 위계에 대한 태도, 의사 결정 규범)을 고려한 프롬프트 전략이 필요하다(Brett et al., 2006). 다국적 팀을 위한 프롬프트는 "한국, 프랑스, 아랍에미리트, 멕시코 출신 멤버로 구성된 프로젝트 팀을 위한 협업 전략을 제안해 주세요. 각 문화권의 시간 개념, 업무 보고 방식, 갈등 해결 접근법의 차이를 반영해 팀 내 소통과 협업을 원활하게 할 수 있는 방안을 설명해 주세요"와 같이 작성할 수 있다.

효과적인 프롬프트 설계의 핵심은 AI가 단순히 언어적 요청을 이해하는 것이 아니라, 맥락화된 문화적 지침을 반영하도록 유도하는 것이다. 예를 들어, 동아시아에서는 관계 구축과 체면을 고려한 간접적 표현이 중요하며, 서구권에서는 논리적 설득과 직접적 커뮤니케이션이 강조된다. 또 다국적 환경에서는 서로 다른 협업 방식과 의사 결정 프로세스를 조율할 수 있도록 AI가 적절한 균형을 유지해야 한다.

결국, AI를 글로벌 비즈니스에 효과적으로 적용하기 위해서는 일반적인 문화적 차이를 이해하는 것에서 한 걸음 더 나아가, 프롬프트 설계를 통해 AI의 응답 방식 자체를 최적화하는 접근이 필요하다. 단순한 번역이나 데이터 검색을 넘어, AI가 특정 문화권의 기대에 부합하는 방식으로 정보를 구성하도록 프롬프트를 설계하는 것이야말로, AI 시대의 경쟁력을 결정짓는 중요한 요소가 될 것이다.

참고문헌

Brett, J. M. et al.(2006). Managing multicultural teams. *Harvard business review.*

Livermore, D. & Adams, O.(2025). How to write culturally intelligent AI prompts. DavidLivermore.com.

Meyer, E.(2014). *The culture map: Breaking through the invisible boundaries of global business.* PublicAffairs. 박세연 옮김(2016). 『컬처 맵』. 열린책들.

Thomas, D. C. & Inkson, K. C.(2017). *Cultural intelligence: Surviving and thriving in the global village.* Berrett-Koehler Publishers.

09
글로벌 비즈니스 에티켓의 현대적 접근

글로벌 비즈니스에서 지역별 문화적 에티켓과 매너는 관계 구축과 성공에 결정적이다. 문화권별 명함 교환, 식사 예절, 선물 전달, 미팅 방식 이해는 국제 협업의 기본이다. 생성형 AI는 지역별 맞춤 비즈니스 에티켓 가이드 제공, 실시간 문화적 조언과 상황별 대응 전략 제시 등을 통해 글로벌 비즈니스 전문가들을 돕는다.

AI와 화장품?

글로벌 비즈니스 에티켓과 매너의 기초

글로벌 비즈니스 환경에서 성공적인 관계 형성과 협상을 위해서는 문화적 차이에 대한 이해와 적절한 에티켓의 실천이 필수적이다. 에티켓과 매너는 종종 혼용되는 개념이지만, 엄밀히 말하면 서로 다른 차원을 가지고 있다. 에티켓은 특정 상황이나 문화권에서 기대되는 공식적인 행동 규범과 예절을 의미하지만, 매너는 타인에 대한 존중과 배려를 바탕으로 한 개인의 행동 방식과 태도를 뜻한다(Peterson & Brooks, 2004). 이 장에서는 편의상 주로 '에티켓'이라는 용어를 사용하지만, 이는 공식적 규칙과 비공식적 매너를 모두 포함한 포괄적 개념으로 이해할 필요가 있다.

비즈니스 에티켓의 역사적 발전은 국제 무역의 확장과 밀접하게 연관되어 있다. 실크로드를 통한 동서양 교역 시대부터 상인들은 서로 다른 문화권의 관습과 예절을 익히며 비즈니스 관계를 발전시켜 왔다. 현대 글로벌 비즈니스 에티켓은 19세기 후반 국제 통상의 증가와 함께 체계화되기 시작했으며, 20세기 후반 다국적 기업의 부상과 21세기 디지털 혁명을 거치며 지속적으로 진화해 왔다(Chen & Wang, 2022). 특히 정보통신 기술의 발달로 국경을 초월한 비즈니스 상호작용이 일상화되면서, 다양한 문화적 배경을 가진 사람들 간의 원활한 소통을 위한 에티켓의 중요성은 더욱 부각되고 있다.

글로벌 비즈니스에서 성공하기 위해서는 문화적 지능(CQ)의 개발이 핵심적이다. 얼리와 앙(Earley & Ang, 2003)에 따르면, 문화적 지능은 인지적, 감정적, 행동적 측면으로 구성된다. 인지적 측면은 다른 문화의 규범, 관행, 관습에 대한 지식을 포함하며, 감정적 측면은 문화적 차이에 대한 개방성과 적응력을, 행동적 측면은 적절한 행동을 취할 수 있는 능력을 의미한다. 생성형 AI는 이러한 문화적 지능의 모든 측면을 향상하는 데 기여할 수 있으며, 특히 인지적 측면에서 다양한 문화에 대한 풍부한 정보를 제공하고 감정적, 행동적 측면에서 시뮬레이션을 통한 연습 기회를 제공한다.

글로벌 비즈니스 환경에서는 문화적 상대주의와 비즈니스 보편주의 사이의 균형을 찾는 것이 중요한 과제다. 문화적 상대주의는 각 문화가 고유한 맥락에서 이해되어야 한다는 관점으로, "로마에서는 로마법을 따르라"는 격언에 반영되어 있다. 반면 비즈니스 보편주의는 효율성, 정확성, 투명성 같은 특정 비즈니스 가치가 문화권을 초월해 보편적으로 적용된다고 본다. 현대 글로벌 비즈니스에서는 이 두 관점 사이의 균형점, 즉 문화적 차이를 존중하면서도 공통된 비즈니스 목표를 달성할 수 있는 균형점을 찾는 것이 성공의 열쇠다(Trompenaars & Hampden-Turner, 2020).

비언어적 커뮤니케이션은 글로벌 비즈니스 에티켓의 중요한 요소로, 문화에 따라 크게 다른 해석이 가능하다. 문화권에 따라 고맥락과 저맥락 특성이 다르게 나타나며, 이는 비언어적 소통 방식에도 영향을 미친다(Hall, 1976). 특히 아이 콘택트(눈 맞춤)는 문화적으로 가장 민감한 비언어적 요소 중 하나다. 서구 비즈니스 문화에서는 직접적인 아이 콘택트가 자신감과 정직함의 표현으로 매우 중요시되지만, 많은 아시아 및 중동 문화권에서는 지속적인 눈 맞춤이 불편함이나 도전적 태도로 해석될 수 있다(Zhang & Neelankavil, 2018). 예를 들어, 독일에서는 건배 시 상대방과 눈을 마주치지 않으면 불신의 표시로 여겨지지만, 한국이나 일본에서는 연장자나 상급자와 건배할 때 고개를 약간 숙이고 직접적인 눈 맞춤을 피하는 것이 존중의 표현으로 간주한다.

이러한 문화적 차이에 직면했을 때, 글로벌 비즈니스 전문가들은 상황에 따라 유연한 접근법을 취해야 한다. 호스트 국가의 관행을 따르는 방식, 손님의 문화를 존중하는 방식, 또는 국제적으로 받아들여지는 중립적 관행을 채택하는 방식 중 상황에 맞는 선택이 필요하다. 무엇보다 중요한 것은 관련된 문화적 맥락을 인식하고, 필요시 명시적인 의사소통을 통해 기대를 조율하며, 문화적 차이를 갈등의 원인이 아닌 상호 학습의 기회로 활용하는 태도다. 또 개인 공간, 신체 접촉, 손짓, 침묵의 의미 등도 문화에 따라 다른 메시지를 전달할 수 있어, 글로벌 비즈니스 전문가들은 이러한 비언어적 차이에 민감하게 대응할 필요가 있다.

생성형 AI는 이러한 글로벌 비즈니스 에티켓의 기초를 이해하고 적용하는 데 중요한 도구가 될 수 있다. AI는 다양한 문화권의 에티켓에 관한 방대한 정보를 제공할 뿐만 아니라, 개인화된 학습 경험과 실시간 문화적 조언을 통해 글로벌 비즈니스 전문가들의 문화적 지능 개발을 지원한다. 특히 AI의 시뮬레이션 능력은 실제 상황에서 발생할 수 있는 문화적 오해와 실수를 예방하는 데 도움이 된다. 다음 섹션에서는 지역별 비즈니스 에티켓의 핵심 요소를 살펴보며, 다양한 문화권에서의 구체적인 비즈니스 관행과 예절에 대해 더 자세히 알아볼 것이다.

지역별 비즈니스 에티켓의 핵심 요소

비즈니스 세계의 글로벌화에도 불구하고 지역별 차이는 여전히 비즈니스 관계와 성공에 큰 영향을 미친다. 각 지역의 고유한 비즈니스 에티켓을 이해하고 존중하는 것은 국제적 협업의 핵심 요소다. 생성형 AI는 이러한 문화적 차이를 이해하고 적절한 행동 지침을 제공함으로써 글로벌 비즈니스 전문가들에게 귀중한 도구로 자리 잡고 있다.

동아시아 비즈니스 문화는 깊은 역사적 배경과 관계 중심적 특성이 있다. 일본, 한국, 중국 같은 국가들은 집단주의적 성향과 계층적 조직 구조로 되어 있어, 비즈니스 관계를 시작하기 전에 충분한 신뢰 구축이 필수적이다.

명함 교환은 동아시아 비즈니스 에티켓의 대표적인 의식이다. 일본에서는 명함을 주고받는 것이 단순한 정보 교환이 아니라 상대방에 대한 존중을 표현하는 중요한 의식이다. 명함은 반드시 두 손으로 공손히 주고받아야 하며, 받은 후에는 잠시 내용을 살펴보고 정중하게 테이블 위에 놓거나 명함 케이스에 보관해야 한다.

아랍 세계에서는 '와스타(wasta)'라고 불리는 개인적 연결망과 신뢰 관계가 비즈니스 성공의 열쇠다. 이는 단순한 네트워킹을 넘어서, 상호 신뢰와 의무를 바탕으로 한 깊은 관계를 의미한다(Hofstede, 1980). 처음 만난 사람과도 개인적인 대화를 나누는 것이 일반적이며, 중동 지역의 비즈니스 문화에서는 예의와 형식이 중요하고, 특히 호칭과 인사 예절에 주의해야 한다. 시간 개념도 서구보다 유연해, 정시성보다는 관계와 상황의 흐름을 중시하는 경향이 있다.

반면, 유럽과 북미는 문화적으로 중요한 차이점이 존재한다. 표면적으로 유사해 보이는 서구 문화 사이에도 상당한 차이가 있다(Meyer, 2014). 독일 비즈니스 문화에서는 정확성과 철저한 준비가 중시된다. 불확실성 회피 차원에서 독일은 높은 점수를 보이는데, 이는 미팅이 정시에 시작하며, 발표는 상세한 데이터와 분석을 포함해야 한다는 문화적 기대로 이어진다(Hofstede, 1980). 반면 이탈리아나 스페인 같은 남유럽 국가들은 관계 중심적이며, 비즈니스 논의 전에 개인적 유대감 형성을 중요시한다. 미국의 경우 일반적으로 비형식적이고, 결과 지향적인 접근을 선호하며, 빠른 의사 결정과 직접적인 의사소통이 특징이다.

생성형 AI는 지역별, 국가별 비즈니스 에티켓에 관한 방대한 정보를 상황에 맞게 맞춤화해 제공할 수 있다. 예를 들어, 사우디아라비아로 출장을 앞둔 비즈니스 전문가는 "사우디아라비아 비즈니스 미팅에서 신뢰를 구축하기 위한 적절한 대화 주제와 피해야 할 주제는 무엇인가요?"라고 AI에게 질문할 수 있다. AI는 적절한 대화 주제(가족의 건강, 여행 경험 등)와 피해야 할 주제(정치적 견해, 종교적 논쟁 등)를 구분해 안내할 수 있다.

생성형 AI의 가장 큰 장점은 비즈니스 전문가들이 단순한 사실적 정보를 넘어, 구체적인 시나리오에 대한 조언을 얻을 수 있게 해 준다는 점이다. "만약 독일 파트너가 제안을 직접적으로 비판한다면 어떻게 대응해야 할까요?" 또는 "일본 회사와의 첫 미팅에서 어떤 선물이 적절할까요?" 같은 질문에 대해 실시간 문화적 코칭을 제공할 수 있다. 실시간 문화적 코칭은 글로벌 비즈니스의 복잡성을 탐색하는 데 매우 유용한 도구가 되고 있다.

AI 기반 비즈니스 매너 시뮬레이션

글로벌 비즈니스에서 문화적 실수는 관계 형성과 거래 성공에 치명적일 수 있다. 전통적으로 이러한 위험을 줄이기 위해 기업들은 직원들에게 고비용의 문화 교육 프로그램이나 코칭을 제공해 왔다. 그러나 생성형 AI의 등장으로 이제 누구나 개인화된 문화 학습 경험을 저렴하고 접근하기 쉬운 방식으로 얻을 수 있게 되었다. 특히 AI를 활용한 롤 플레이와 시나리오 시뮬레이션은 실제 상황을 안전하게 연습할 기회를 제공한다(Mollick & Mollick, 2023).

AI 기반 롤 플레이 시뮬레이션의 핵심 장점은 실패에 따른 실제 위험 없이 다양한 시나리오를 반복적으로 연습할 수 있다는 점이다. 예를 들어, 한국 기업과 중요한 미팅을 앞둔 미국 비즈니스 전문가는 챗GPT에게 "당신은 한국 대기업의 시니어 임원 역할을 맡아 주세요. 저는 미국에서 온 비즈니스 파트너입니다. 첫 만남에서의 대화를 시뮬레이션하고, 제가 문화적 실수를 하면 알려 주세요"라고 요청할 수 있다. AI는 한국 비즈니스 문화의 특성을 반영해 응답하고, 사용자가 부적절한 질문을 하거나 예의에 어긋나는 행동을 제안하면 즉시 피드백을 제공할 수 있다(Lee, 2023).

AI 기반 시뮬레이션의 또 다른 중요한 측면은 실시간 코칭과 맞춤형 피드백 제공 능력이다. 전통적인 문화 교육에서는 강사가 모든 학습자에게 개별적인 관심을 기울이기 어렵지만, AI는 각 학습자의 응답을 즉시 분석하고 구체적인 개선 사항을 제안할 수 있다(Johnson & Smith, 2024).

현대 글로벌 비즈니스는 종종 두 개 이상의 문화가 교차하는 복잡한 상황에서 이뤄진다. 생성형 AI는 이러한 다중 문화 상황을 시뮬레이션하고, 사용자가 다양한 문화적 기대 사이에서 균형을 맞추는 법을 배울 수 있게 해준다. 다중 문화 시뮬레이션의 예로, 사용자는 AI에게 "한국 기업, 독일 기업, 인도 기업의 대표들이 참석하는 가상 회의를 시뮬레이션해 주세요. 저는 미국 기업의 프로젝트 매니저입니다"라고 요청할 수 있다. AI는 각 문화권의 비즈니스 매너와 의사소통 스타일을 반영한 가상 시나리오를 생성하고, 사용자가 이러한 다양한 기대를 어떻게 조율할 수 있는지 안내할 수 있다.

생성형 AI를 활용한 비즈니스 매너 시뮬레이션은 글로벌 비즈니스 환경에서 필요한 문화적 지능을 개발하는 데 효과적인 도구다. AI의 연중무휴(24/7) 가용성, 개인화 능력, 다양한 시나리오 생성 능력은 글로벌 비즈니스 전문가들이 다양한 문화적 맥락에서 자신감과 능숙함을 개발하는 데 중요한 자원이 되고 있다.

AI 기반 문화적 실수 예방 체크리스트

글로벌 비즈니스 환경에서 문화적 실수는 관계 손상과 거래 실패로 이어질 수 있다. 월마트의 독일 시장 진출 실패 사례에서 보듯이, 문화적 오해는 기업의 평판과 수익에 직접적인 영향을 미친다(Henderson, 2023). 이러한 위험을 줄이기 위해 국제 출장 전 문화적 준비는 필수적이며, 생성형 AI는 이 과정을 혁신적으로 변화시키고 있다. 맞춤형 문화 브리핑, 실시간 자문, 그리고 지속적인 학습 지원을 통해 AI는 글로벌 비즈니스 전문가들이 문화적 장벽을 효과적으로 극복할 수 있도록 돕는다.

전통적으로 해외 출장 준비는 현지 문화에 대한 책이나 브리핑 문서를 검토하는 방식으로 이뤄졌다. 그러나 이러한 자료는 종종 일반적이고 방대해 특정 비즈니스 상황에 적용하기 어려웠다. 생성형 AI는 사용자의 특정 역할, 방문 목적, 미팅 유형 등을 고려한 맞춤형 문화 브리핑을 제공할 수 있다.

또 생성형 AI는 출장자에게 맞춤형 체크리스트를 제공할 수 있다. 사용자는 "베트남 호치민시의 정부 관계자 미팅을 위한 준비 체크리스트를 만들어 주세요"라고 요청할 수 있다. AI는 비즈니스 카드 준비(베트남어 번역 포함), 적절한 호칭으로 관계자 인사하기, 작은 선물 준비, 정부 위계질서 이해하기, 민감한 정치적 이슈 파악 및 피하기, 회의 시작 시 가벼운 대화 주제 준비 등의 항목을 포함한 체크리스트를 생성할 수 있다. 이러한 체크리스트는 문화적 실수 위험을 크게 줄이고, 출장자가 자신감 있게 상호작용을 할 수 있도록 돕는다. 특히 생성형 AI는 최신 정보와 변화하는 비즈니스 관행을 반영할 수 있어, 오래된 문화 가이드에서 발생할 수 있는 구식 정보의 위험을 줄인다.

해외 출장 중에는 예상치 못한 문화적 도전이 발생할 수 있다. 이런 순간 즉각적인 조언이 필요하지만, 문화 컨설턴트나 현지 동료에게 항상 연락할 수 있는 것은 아니다. 생성형 AI는 24/7 이용 가능한 "포켓 속 문화 컨설턴트" 역할을 할 수 있어, 비즈니스 전문가들에게 실시간 문화적 자문을 제공한다(Johnson & Kumar, 2023).

국제 행사 에티켓과 AI 도우미 역할

국제 행사 기획의 첫 단계는 참가자들의 문화적 다양성을 파악하고, 이에 맞는 프로그램을 설계하는 것이다. 생성형 AI는 행사 기획자에게 다양한 문화권의 기대와 선호도에 관한 인사이트를 제공할 수 있다(Harris & Chen, 2024). 예를 들어, 행사 기획자는 AI에게 "유럽, 아시아, 중동에서 온 참가자들을 위한 국제 콘퍼런스 기획 시 고려해야 할 문화적 요소는 무엇인가요?"라고 질문할 수 있다. AI는 일정 구성(예: 이슬람 참가자를 위한 기도 시간 고려), 식사 옵션(다양한 식이 제한 반영), 사회적 활동(다양한 문화적 선호도를 고려한 네트워킹 기회) 등에 대한 조언을 제공할 수 있다.

또 AI는 국제 행사에서 사용될 커뮤니케이션 자료의 문화적 적절성을 검토하는 데 도움을 줄 수 있다. 행사 기획자는 "이 환영 연설이 다양한 문화권의 참가자들에게 적절한지 검토해 주세요"라고 요청해, 잠재적으로 문제가 될 수 있는 표현이나 참조를 식별하고 더 포용적인 대안을 제안받을 수 있다. 이는 의도치 않은 문화적 실수로 인한 당혹감을 예방하는 데 유용하다.

특히 국제 행사에서 선물 교환은 중요한 문화적 요소인데, 적절한 선물 선택은 관계 구축과 존중을 표현하는 중요한 방법이다. AI는 "싱가포르, 한국, 독일 VIP 참가자들을 위한 적절한 기업 선물 제안" 같은 요청에 각 문화에 적합한 맞춤형 선물 아이디어와 금기 사항을 제공할 수 있다. 이는 행사 주최자가 문화적으로 민감하고 가치 있는 선물을 선택하는 데 큰 도움이 된다.

비즈니스 식사와 연회는 글로벌 비즈니스의 중요한 부분이며, 이때의 에티켓은 문화마다 크게 다를 수 있다. 적절한 식사 예절을 이해하고 실천하는 것은 글로벌 비즈니스 관계에서 신뢰와 존중을 표현하는 중요한 방법이다(Brown & Lee, 2023). 생성형 AI는 다양한 문화권의 식사 예절에 관한 맞춤형 지침을 제공함으로써 이 영역에서 중요한 지원 역할을 할 수 있다.

한 다국적 투자 회사는 전 세계 고위 고객들을 위한 갈라 디너를 준비하면서 생성형 AI를 활용해 다양한 문화권의 식사 예절에 대한 포괄적인 브리핑을 직원들에게 제공했다. AI는 각 주요 시장(동아시아, 중동, 유럽, 미주)의 식사 예절에 대한 상세한 가이드를 생성했으며, 직원들은 이를 통해 다양한 문화적 배경을 가진 고객들과 자신감 있게 교류할 수 있었다. 이 회사는 이 접근법이 고객 관계 강화와 문화적 실수 감소에 크게 기여했다고 보고했다.

글로벌 소셜 미디어와 메시징 플랫폼에서의 비즈니스 에티켓도 점점 중요해지고 있다. AI는 링크드인(LinkedIn), 위챗(WeChat), 와츠앱(WhatsApp) 등 다양한 플랫폼에서 글로벌 비즈니스 파트너와 소통할 때의 에티켓에 대한 조언을 제공할 수 있다. 이에는 각 플랫폼의 문화적 맥락, 적절한 응답 시간, 공식성 수준, 그리고 각 문화권에서 선호하는 커뮤니케이션 스타일 등이 포함된다.

참고문헌

Chen, L. & Watson, J.(2023). The future of global business strategy: Combining AI and cultural intelligence.

Earley, P. C. & Ang, S.(2003). *Cultural intelligence: Individual interactions across cultures*. Stanford University Press.

Harris, T. & Nakamura, S.(2023). New frameworks for practical global business guides.

Hofstede, G.(1996). Cultural differences and global business risks.

Johnson, R.(2023). The strategic necessity of AI adoption in global business.

Kim, J. & Davis, L.(2024). The synergy of artificial intelligence and cultural intelligence.

Livermore, D.(2023). Global leadership and cultural intelligence.

Meyer, E. & Kirby, J.(2024). Cultural intelligence enhanced by AI.

Peterson, B. & Brooks, M.(2004). Cultural intelligence: A guide to working with people from other cultures.

SmartBrief(2023). Generative AI and the future of business innovation.

The Economist Intelligence Unit(2024). The transformation of global business communication.

Trompenaars, F. & Hampden-Turner, C.(2020). *Riding the waves of culture: Understanding diversity in global business* (4th ed.).

World Economic Forum(2025). AI as a game changer for SME global trade.

Zhang, M. & Robertson, T.(2024). AI and cultural competence: The new competitive edge in global business.

Zhang, Y. & Neelankavil, J.(2018). The significance of eye

contact in cross–cultural business communication.

10

AI와 글로벌 비즈니스의 공진화

생성형 AI와 글로벌 비즈니스는 점점 더 깊이 통합되며 함께 진화하고 있다. 다양한 문화적 맥락에서 위기를 감지하고 관리하는 AI 기반 시스템이 기업의 평판 보호에 중요한 역할을 수행하고 있으며, 인간과 AI 간의 새로운 협업 모델은 조직 문화와 의사 결정 방식을 근본적으로 변화시키고 있다.

종교와 AI?

AI 기반 위기관리와 평판 보호 전략

글로벌 비즈니스 환경에서 위기는 예측하기 어렵고, 급속히 확산하며, 기업의 평판에 심각한 타격을 줄 수 있다. 특히 문화적 차이로 인한 오해가 위기의 원인이 되는 경우가 많다. 한 나라에서는 무해한 마케팅 캠페인이 다른 나라에서는 문화적 감수성을 해치는 것으로 인식될 수 있으며, 이는 순식간에 전 세계적인 불매운동으로 발전할 수 있다(Thompson & Lee, 2023). 생성형 AI는 이러한 위기를 조기에 감지하고, 효과적으로 대응하며, 평판을 회복하는 데 강력한 도구가 되고 있다.

AI 기반 위기 모니터링 시스템은 다양한 언어로 소셜 미디어, 뉴스 기사, 온라인 포럼 등을 실시간으로 스캔해 기업 평판에 영향을 미칠 수 있는 부정적 언급이나 추세를 감지한다(Garcia & Wong, 2024). 전통적인 미디어 모니터링과 달리, 생성형 AI는 단순히 키워드를 추적하는 것을 넘어 맥락과 감정을 이해할 수 있다. 예를 들어, AI는 "이 기업의 광고가 우리 문화를 존중하지 않는다" 같은 문화적 불만의 초기 신호를 인식하고, 이러한 언급이 특정 지역이나 인구 집단에서 증가하는 패턴을 식별할 수 있다.

위기가 발생했을 때, 신속하면서도 문화적으로 적절

한 대응은 피해를 최소화하고 신뢰를 회복하는 데 필수적이다. 생성형 AI는 다양한 언어와 문화적 맥락에서 효과적인 위기 소통을 지원할 수 있다(Martinez & Chen, 2023). 특히 글로벌 기업의 경우, 위기 메시지가 여러 국가와 문화권에 동시에 전달되어야 하는 상황에서 AI의 지원이 중요해진다.

위기 상황에서 생성형 AI는 문화적으로 민감한 사과문이나 성명서 초안을 신속하게 작성할 수 있다. 예를 들어, 제품 결함으로 인한 위기 상황에서 기업은 AI에게 "미국, 일본, 브라질 시장을 위한 사과문 초안을 작성해 주세요. 각 문화의 기대와 사과 방식의 차이를 고려해 주세요"라고 요청할 수 있다. AI는 각 문화권에 맞는 톤, 형식, 그리고 메시지의 구조를 고려한 초안을 제공할 수 있다. 예를 들어, 일본 시장을 위한 사과문은 더 공식적이고 포괄적인 책임 인정을 포함할 수 있지만, 미국 시장을 위한 사과문은 더 직접적이고, 해결책 중심적일 수 있다.

생성형 AI는 또한 문화적으로 적절한 평판 회복 전략을 제안할 수 있다. 연구에 따르면, 위기 이후 신뢰 회복 방법은 문화권마다 크게 다를 수 있다(Thompson & Lee, 2023). 관계 중심 문화에서는 개인적 관계와 정서적 유대를 재구축하는 것이 중요할 수 있지만, 거래 중심 문화에서는 투명성과 구체적인 개선 조치가 더 효과적일 수 있다. AI는 "중국, 독일, 브라질에서 우리 브랜드의 문화적 실수 이후 신뢰를 회복하기 위한 맞춤형 전략은 무엇인가요?" 같은 질문에 각 문화권의 가치와 기대에 맞는 차별화된 접근법을 제안할 수 있다.

인간-AI 협업의 새로운 비즈니스 문화 모델

글로벌 컨설팅 기업 매킨지(McKinsey)의 연구에 따르면, 인간-AI 협업 모델을 성공적으로 도입한 기업들은 몇 가지 공통된 모범 사례를 보여 준다(Johnson & Patel, 2023). 첫째, 이들 기업은 AI를, 인간을 대체하는 것이 아니라 증강(augmentation)하는 도구로 접근한다. 이는 특히 문화적 차이가 중요한 글로벌 비즈니스 맥락에서 중요한데, AI가 데이터 처리와 패턴 인식을 담당하는 동안 인간은 문화적 맥락 이해와 관계 구축에 집중할 수 있기 때문이다.

성공적인 기업들은 인간과 AI의 역할과 책임을 명확히 정의한다. 특히 의사 결정 과정에서 어떤 부분을 AI에게 위임하고, 어떤 부분에서 인간의 판단이 필요한지 명확한 가이드라인을 설정한다. 예를 들어, 글로벌 마케팅 캠페인에서 AI는 데이터 분석과 초기 콘텐츠 생성을 담

당할 수 있지만, 문화적 적절성과 브랜드 정렬성에 대한 최종 판단은 인간 마케팅 전문가가 수행한다.

글로벌 비즈니스에서 의사 결정은 복잡한 문화적 요소들의 영향을 받는다. 어떤 문화는 데이터 기반 의사 결정을 선호하는 반면, 다른 문화는 직관과 관계적 요소를 더 중시한다. 생성형 AI의 등장으로 이제 기업들은 AI의 데이터 처리 능력과 인간의 문화적 지혜를 결합한 하이브리드(hybrid) 의사 결정 모델을 개발하고 있다(Taylor & Wong, 2023).

하이브리드 의사 결정 모델은 특히 다양한 이해관계자들의 문화적 기대가 충돌할 수 있는 복잡한 글로벌 비즈니스 상황에서 가치가 있다. 예를 들어, 다국적 합병 및 인수 과정에서 AI는 재무 및 운영 데이터를 분석해 객관적인 가치 평가를 제공할 수 있다. 동시에, 인간 전문가들은 조직 문화 통합, 인력 관리, 이해관계자와의 관계 같은 소프트 요소들을 평가한다.

문화적 다양성과 AI 발전 방향

생성형 AI가 글로벌 비즈니스에 미치는 영향이 커짐에 따라, 이러한 시스템이 다양한 문화적 관점을 균형 있게 반영하도록 보장하는 것이 중요해지고 있다. 현재 많은

AI 시스템은 주로 서구권, 특히 영어권 데이터로 훈련되어 서구적 편향을 보이는 경향이 있다. 이러한 편향은 AI가 다양한 문화적 맥락에서 사용될 때 문제 될 수 있다. 문화적 다양성을 보존하고 존중하는 방향으로 AI를 발전시키기 위한 의식적인 노력이 필요하다.

포용적 AI 훈련 데이터를 개발하는 첫 단계는 다양한 언어, 지역, 문화적 맥락에서 데이터를 수집하는 것이다. 구글의 문화적 포용 AI 프로그램은 이러한 접근법의 한 예다. 이 프로그램은 전 세계 1,000개 이상의 언어와 문화권에서 텍스트, 이미지, 음성 데이터를 수집해 AI 훈련 데이터의 문화적 균형을 개선하는 것을 목표로 한다. 주목할 만한 것은 이 프로그램이 단순히 데이터의 양적 다양성을 넘어, 각 문화권 내의 다양한 관점과 하위문화를 포함하기 위해 노력한다는 점이다. 이를 통해 AI가 하나의 문화를 단일 관점으로 일반화하는 것을 방지한다 (Brown & Chen, 2023).

AI 개발자들을 위한 문화적 지능 교육이 점점 더 중요해지고 있다. 문화적 지능은 다양한 문화적 맥락에서 효과적으로 기능하는 능력을 의미하며, 이는 글로벌 환경에서 활동하는 AI 개발자들에게 필수적인 역량이 되고 있다. 이러한 교육은 일반적으로 여러 문화적 관점에 대한 인식 개발, 문화적 차이에 대한 지식 습득, 다양한 문화적 맥락에 적응하는 능력 향상에 중점을 둔다.

생성형 AI의 글로벌 영향력이 확대됨에 따라, 이 기술이 다양한 문화적 맥락에서 책임감 있게 개발되고 사용되도록 보장하는 효과적인 거버넌스 프레임워크의 필요성이 커지고 있다. 이러한 프레임워크는 AI의 혜택을 극대화하면서도 잠재적 위험을 완화하고, 특히 문화적 다양성과 포용성을 보존하는 것을 목표로 해야 한다. 그러나 글로벌 AI 거버넌스 개발은 다양한 국가의 가치관, 우선순위, 규제 접근법의 차이로 인해 복잡한 과제를 안고 있다.

유네스코(UNESCO)의 "AI 윤리 글로벌 프레임워크"는 이러한 접근법의 한 예다. 193개 회원국의 합의로 개발된 이 프레임워크는 인간 존엄성, 문화적 다양성, 포용성, 투명성, 공정성 같은 핵심 원칙을 중심으로 AI 개발과 사용에 대한 지침을 제공한다. 중요한 점은 이 프레임워크가 다양한 문화적 맥락에서 이들 핵심 원칙을 해석하고 적용함에 유연성을 허용한다는 것이다. 이는 보편적 가치를 존중하면서도 문화적 다양성을 인정하는 균형 잡힌 접근법을 보여 준다.

지속 가능한 글로벌 AI 거버넌스 프레임워크를 개발

하는 것은 다양한 문화적 가치와 우선순위를 인정하고 존중하면서도, AI의 책임 있는 개발과 사용을 위한 균형 잡힌 접근법이 요구된다. 국제 협력, 다국적 이해관계자 참여, 실험적 거버넌스 접근법, 그리고 지속적인 학습과 조정은 이러한 균형을 달성하고, AI가 다양한 문화와 사회에 가져올 수 있는 혜택을 극대화하는 데 도움이 될 수 있다.

참고문헌

Brown, J. & Chen, L.(2023). AI-human collaboration models in global customer service: A banking sector case study. *Journal of service management.*

Brown, J. & Chen, L.(2023). Building inclusive AI training datasets: Cultural diversity challenges and solutions. *Journal of artificial intelligence research.*

Garcia, J. & Wong, M.(2024). AI-powered reputation monitoring across cultural contexts. *Journal of international marketing.*

Johnson, R. & Patel, N.(2023). Best practices in AI-human collaboration: Lessons from multinational enterprises. *MIT sloan management review.*

Martinez, C. & Chen, W.(2023). Cross-cultural crisis messaging: AI applications in global communications. *Journal of communication management.*

Roberts, A. & Tanaka, H.(2023). Global disparities in AI research and development: Implications for cultural representation.

Digital society.

Taylor, J. & Wilson, M.(2024). Beyond translation: AI-powered cultural mediation in multinational teams. *International journal of human-computer interaction.*

Taylor, R. & Wong, S.(2023). Data meets intuition: Hybrid decision models in cross-cultural business environments. *California management review.*

Thompson, K. & Lee, J. (2023). Cultural dimensions of reputation crises: Prevention and response strategies. *Journal of business ethics.*

황충연

대한무역투자진흥공사(KOTRA) 수출전문위원으로 재직하며 중소기업 해외 진출 지원 컨설팅을 수행하고 있다. 전남대학교에서 무역을 전공하고 서울대학교 경영대학원 e-MBA를 수료했으며, 한전원자력연료(주)에서 기획팀장과 해외사업개발실장 등을 역임했다. 2018년 UAE 원전 수출 유공 대통령 표창을 수상했다. 생성형 AI를 활용한 수출 컨설팅을 개척하며, AI를 창작 도구로 삼아 'AI 책 쓰기' 분야에서도 독창적인 저술과 코칭 활동을 하는 AI 작가다. 저서로는 『챗GPT와 함께 쓴 수출실무 가이드북』(2024), 『AI로 나만의 책 쓰는 법』(2024), 『AI 수출컨설턴트: 당신의 글로벌 비즈니스 파트너』(2025) 등이 있으며, 아마존에서 『Beyond the Pen: The Future of Book Creation with AI』(2023), 『Export Consulting with AI』(2024) 등 총 6권의 저서를 출간했다. AI를 창의적 파트너로 삼는 철학을 바탕으로, 생성형 AI 기술의 대중화를 선도하고 있다. 중소기업이 AI를 활용해 글로벌 경쟁력을 갖출 수 있도록 실용적 설루션을 제공하며, AI의 가능성을 보다 많은 이들이 경험할 수 있도록 지식 공유에 힘쓰고 있다.